CYMRY ENWOG HEDDIW

WELSH GREATS OF TODAY

CYMRY ENWOG HEDDIW

WELSH GREATS OF TODAY

SIÂN TRENBERTH

ALAN SUTTON

Cyhoeddwyd gyntaf yn y Deyrnas Gyfunol yn 1993
Cyhoeddiadau Alan Sutton Cyf · Phoenix Mill
Far Thrupp · Stroud · Swydd Gaerloyw

Cyhoeddwyd gyntaf yn yr Unol Daleithiau yn
1994
Cyhoeddiadau Alan Sutton Inc · 83 Washington
Street · Dover · NH 03820

Data Catalogio'r Llyfrgell Brydeinig mewn
Cyhoeddiad

Mae record catalog o'r llyfr hwn ar gael o'r Llyfrgell
Brydeinig

Gwnaed cais am Ddata Catalogio'r Library of
Congress mewn Cyhoeddiad

First Published in the United Kingdom in 1993
Alan Sutton Publishing Ltd · Phoenix Mill
Far Thrupp · Stroud · Gloucestershire

First published in the United States of America in
1994
Alan Sutton Publishing Inc · 83 Washington Street
Dover · NH 03820

British Library Cataloguing in Publication Data

A catalogue record for this book is available from
the British Library

Library of Congress Cataloguing in Publication
Data applied for

Cysodwyd mewn 10/11 Sabon.
Cysodwyd a chychwynnwyd gan
Alan Sutton Publishing Limited
Argraffwyd ym Mhrydain gan
The Bath Press, Caerfaddon, Avon.

Typeset in 10/11 Sabon.
Typesetting and origination by
Alan Sutton Publishing Limited.
Printed in Great Britain by
The Bath Press, Bath, Avon.

To K. and Emma Sutton

CONTENTS

RHAGAIR

'It seems to be a law of nature that no man ever is loth to sit for his portrait.'

Mae'n rhaid i'r geiriau hyn o enau Syr Max Beerbohm fod yn gysur i Siân Trenberth wrth iddi fynd ati i wynebu'r her hon, a cheisio dyfalu, rwy'n siŵr, a allai ei chamera gipio tystiolaeth na ellid mo'i gwadu i'r Iberiaid byr, tywyll, a'r Celtiaid tal bryd golau ddod o ddifrif i Gymru a chreu yn eu delw eu hunain.

Un arwydd pendant o fywiogrwydd unrhyw bortread yw faint o ddadlau a chwilfrydedd y mae'n ei achosi a'r llu cwestiynau a gyfyd yn ei sgil. Ydy'r ffotograffydd yn gwenieitho neu'n twyllo? Ydy e'n datgelu cryfder cymeriad trawiadol, yn pwysleisio gwrthnysigrwydd neu'n awgrymu enaid mympwyol? Oedd Elizabeth Taylor yn llygad ei lle pan fynnodd fod y camera'n cymryd at rai pobl ond nad oedd yn rhy hapus gydag eraill?

Mae'r ffotograffydd dawnus, Siân Trenberth, wedi gwneud y dewis personol hwn ac yna, trwy'r lens, wedi syllu ar amrediad eang o ddynion a gwragedd Cymru y mae'n werth cael portread ohonyn nhw ar gof a chadw, rhai y mae eu hynodion yn werth eu trysori, y mae eu henwogrwydd yn werth ei gydnabod. Mae'r cyfriniol y denu.

Na frysiwch wrth droi'r tudalennau!

CLIFF MORGAN

FOREWORD

'It seems to be a law of nature that no man ever is loth to sit for his portrait.'

These words of Sir Max Beerbohm must have been a comfort to Siân Trenberth when she set about this challenge, wondering, I am certain, if her camera could capture indisputable evidence that the short, dark Iberians and the tall, blond Celts did actually come to Wales and create in their own image.

One clear indication of the vitality of any portrait is the amount of controversy and curiosity it arouses and the many questions it begs. Does the photograph flatter or deceive? Does it reveal a striking strength of character, emphasize perversities or suggest a whimsical soul? Was Elizabeth Taylor correct when she claimed that a camera liked some people and was not overfond of others?

The gifted photographer Siân Trenberth has made this personal selection and observed through her lens a wide range of men and women of Wales, whose likeness is worth preserving, whose idiosyncrasies are worth cherishing, whose fame is worth rating. Mystique has its attractions.

Turn the pages slowly!

CLIFF MORGAN

RHAGLITH

Rhydd gryn bleser i mi, trwy fy nghysylltiad â Banc Julian Hodge Cyf, gael bod â rhan fechan yng nghynhyrchiad y llyfr pwysig a deniadol hwn. Fel yr unig fanc yng Nghymru sy'n eiddo i Gymro, rydym yn falch o'n safle unigryw. Mae'n dilyn ein bod yn eiddigeddus o'n henw da a'n bod wedi ymrwymo i wasanaeth o'r radd orau. Mae ein dymuniadau'n syml – cynhyrchu perthynas fusnes a adeiladwyd ar safonau bancio traddodiadol y gallwn elwa arni ac a erys brawf amser. Fel fi, rwy'n siŵr y byddwch yn mwynhau *Cymry Enwog Heddiw* a gobeithio y gallwn ni ym Manc Julian Hodge efelychu delfrydau'r rhai sy'n ymddangos ar y tudalennau hyn.

ERIC M. HAMMONDS
Cyfarwyddwr a Rheolwr Cyffredinol, Banc Julian Hodge

PREFACE

It gives me great pleasure, through my connection with Julian Hodge Bank Limited, to have been involved in a small way in the production of this important and attractive book. As the only Welsh-owned bank in Wales we are proud of our unique position. It follows that we are sensitive of our reputation and committed to excellence of service. Our aspirations are simple – to generate profitable business relationships built on traditional banking standards that will stand the test of time. Like me, I am sure you will enjoy *Welsh Greats of Today*, and I hope that in Julian Hodge Bank we can emulate the ideals of those who appear in these pages.

ERIC M. HAMMONDS
Director and General Manager, Julian Hodge Bank

ERIC M. HAMMONDS, alongside a 1978 Robert Thomas bronze of Sir Julian Hodge

CYDNABYDDIAETH

Am eu cefnogaeth i *Cymry Enwog Heddiw*, carwn gydnabod Banc Julian Hodge, Photovision UK, Cyngor y Celfyddydau, a'r George Thomas Centre for Hospice Care sy'n arbenigo mewn darparu gofal yn y gymuned i'r rhai sy'n ddifrifol wael. Gellir anfon cyfraniadau, a gaiff eu cydnabod i: The George Thomas Centre for Hospice Care, 10, Heol Tŷ Gwyn, Caerdydd, CF2 5JE.

Aiff fy ngwerthfawrogiad i'm cynorthwywyr, Jonathon Pimlott, Paul Jeff a Lyndon Wall. Mae pob un ohonyn nhw wedi estyn help llaw i mi rywbryd yn ystod y sesiynau tynnu lluniau ac maen nhw wedi dioddef fy 'awen greadigol' ag amynedd saint!

Carwn ddiolch i'm ffrindiau teyrngar, Morgan a Jenny Francis, Dr Emily Liddel, Elizabeth Muir a Waldo Edwards, Dorrie Miller, Linton Lowe, Steve Benbow a Wendy Woodbridge. Aiff fy niolchgarwch arbennig i Helen Evans am ei chefnogaeth a'i serchowgrwydd, i'm chwaer byth-yn-annwyl, Susan Trenberth, ac i'm nith, Bethan Trenberth Wilson am beri imi chwerthin.

Mae diolchiadau'n ddyledus hefyd i'r ffotograffydd a'r awdur, Patricia Aithie, a roes imi'n hael o'i phrofiad tra'n cyhoeddi ei llyfr cyntaf, *Morgannwg*, ac i'r rhai a'm cynorthwyodd i olygu'r testun, Leslie Herman-Jones, Gwyn Vaughan a John Random. Carwn ddiolch i'r uwch olygydd Jaqueline Mitchell o Alan Sutton Publishing a'r rheolwr cyhoeddusrwydd Jim Burkinshaw.

Addaswyd y testun i'r Gymraeg gan W.J. Jones.

Yn olaf, tra'n fyfyrwraig ffotograffiaeth yn 1982, cefais fy nysgu gan y ffotograffydd David Hurn. Does dim amheuaeth na fyddwn wedi rhoi'r ffidil yn y to yr adeg honno ond bai am ei anogaeth ef a'r safonau ysbrydoledig a osododd.

ACKNOWLEDGEMENTS

For their financial support for *Welsh Greats of Today* I should like to acknowledge Julian Hodge Bank, Photovision UK, Welsh Arts Council and the George Thomas Centre for Hospice Care, which specializes in providing care in the community for the terminally ill. Donations, which will be acknowledged, may be sent to: The George Thomas Centre for Hospice Care, 10 Tŷ Gwyn Road, Cardiff, CF2 5JE.

My appreciation goes to my assistants, Jonathon Pimlott, Paul Jeff and Lyndon Wall, all of whom have assisted me at some time during the photo sessions and who have endured my 'creative' moods with the patience of saints!

I should like to thank my loyal friends Morgan and Jenny Francis, Dr Emily Liddell, Elizabeth Muir and Waldo Edwards, Dorrie Miller, Linton Lowe, Steve Benbow and Wendy Woodbridge. My special gratitude goes to Helen Evans for her support and affection, to my ever-loving sister, Susan Trenberth, and my niece, Bethan Trenberth Wilson, for providing the laughs.

Thanks are also due to photographer/writer Patricia Aithie, whose experience in publishing her first book, *Glamorgan*, was generously passed on to me, and to those who helped me to edit the text – Leslie Herman-Jones, Gwyn Vaughan and John Random. At Alan Sutton Publishing I would like to thank senior editor Jaqueline Mitchell and publicity manager Jim Burkinshaw.

The English text has been adapted into Welsh by W.J. Jones.

Lastly, while a photography student in 1982 I was taught by photographer David Hurn. Without doubt I would have given up at that time if it had not been for his encouragement and the inspiring standards he set.

CYFLWYNIAD

Yn ystod fy ngwaith yn tynnu lluniau pobl, teimlais y byddai'n syniad da cynnwys rhai o'm holl enwogion Cymreig mewn portffolio. Pan ddeuthum i gysylltiad â nhw, roedden nhw mor barod i helpu ac mor gefnogol fel i mi gael fy nghalonogi i fwrw ati i ddod i gysylltiad â mwy o bersonoliaethau.

Yn fuan wedi i mi ddechrau ymchwilio ar gyfer y prosiect, gwelais nad oedd mor hawdd â hynny mynd i'r afael â phob un o'r rhai oedd gen i mewn golwg. Er i'r rhan fwyaf o'r rhai yr es ar eu gofyn ddangos diddordeb, gyda rhai, fel Syr Anthony Hopkins ac Ian Woosnam, treuliais flynyddoedd yn gyrru negesau ffacs ac yn galw eu hasiantau ar y ffôn cyn y gallwn ddod o hyd i fwlch yn eu rhaglen waith brysur. Roedd eraill oedd yr un mor awyddus, rhai fel Catherine Zeta Jones a Jeff Banks, na allent gynnig dyddiad o gwbl i mi.

Fel wrth ddewis tîm pêl-droed, mae gan bob un ei syniadau ei hun ynghylch pa rai i'w dewis. Fy llinyn mesur cyntaf i oedd mynd ar ôl croesdoriad oedd mor eang â phosibl – i ddangos yr amrywiaeth a'r dyfnder o dalent Gymreig sydd ym mhob agwedd ar fywyd, o fyd y sêr i fyd masnach – ond rown i hefyd am gynnwys pobl sy'n falch eu bod yn Gymry a rhai sy'n cyfrannu at y bywyd Cymreig. Gwn fod yna lu mawr sydd wedi helpu i wneud Cymru'n fawr nad ydyn nhw yn y casgliad, ond llyfr yw hwn am bersonoliaethau enwocaf a mwyaf poblogaidd Cymru heddiw. Mae rhai pobl, rhai fel R.S. Thomas, a'r canwr Tom Jones, yn absennol, er imi alw'n daer arnyn nhw.

Mae wedi cymryd tair blynedd o deithio hyd a lled Cymru a Lloegr i roi'r llyfr hwn wrth ei gilydd. Mae'n drist nodi nad yw un gŵr a eisteddodd i mi, Syr Geraint Evans, gyda ni mwyach, er bod ei gyfraniadau enfawr yn para'n fyw trwy ei recordiau. Gwn iddo fod ar dân dros y prosiect ac y byddai wedi hoffi cael gweld y gwaith gorffenedig. Mae Cymru, yn wir yr hollfyd, wedi colli cymeriad o fri a thalent enfawr.

Does dim angen imi ddweud y carwn ddiolch i'r hanner cant o Gymry Enwog am yr oriau a'r amynedd a roesant imi, yn estyn croeso i mi i'w cartrefi a'u mannau gwaith, ac yn rhannu eu horiau hamdden â mi fel y gallwn gael lluniau ohonyn nhw. Roedden nhw'n hael, yn gynorthwyol, ac wrth gwrs yn wŷr a gwragedd dyngarol Cymreig.

Hyderaf y mwynhewch *Cymry Enwog Heddiw* ac y cewch olwg newydd ar y personoliaethau hudolus sydd yn y gyfrol.

SIÂN TRENBERTH
CAERDYDD
TACHWEDD 1993

SIR GERAINT EVANS

INTRODUCTION

During my work as a portrait photographer I thought it would be a good idea to include a few of my favourite Welsh celebrities as portfolio pieces. When I contacted them they were so helpful and agreeable that it spurred me on to approach more personalities.

Once I started researching the project I found that not all of the people I had in mind were so easy to pin down. Although most of those I approached were interested, there were some, like Sir Anthony Hopkins and Ian Woosnam, who took years of faxes and telephone calls to their agents before I could secure a gap in their busy schedules. There were others, just as keen, such as Catherine Zeta Jones and Jeff Banks, for whom no date could be fixed at all.

As with choosing a football team, everyone has their own ideas about who they would pick. My first criterion was to go for as wide a cross-section as possible – to show the variety and depth of Welsh talent in everything from showbiz to finance – but I also wanted to include people who are proud to be Welsh and who make a contribution to Welsh life. I dare say there are many people who have helped to make Wales great who are not in this collection, but this is a book about the present day's most popular and famous personalities. Other people not included, even though I was most persistent, include the poet R.S. Thomas and the singer Tom Jones.

It has taken three years of criss-crossing Wales and England to compile this book. Sadly, one sitter, Sir Geraint Evans, is no longer with us, although his enormous contribution lives on through his recordings. I know he was a great enthusiast for the project and would have wanted to see the finished result. Wales, indeed, the whole world, has lost a tremendous character and a great talent.

It goes without saying that I would like to thank all fifty of the 'Welsh Greats' for the hours and patience they gave me, in letting me into their homes and places of work, and in sharing their leisure time in order to allow me to take their photographs. They were generous, accommodating and, of course, patriotic Welsh men and women!

I hope you enjoy *Welsh Greats of Today* and derive a small insight into the fascinating personalities herein.

SIÂN TRENBERTH
CARDIFF
NOVEMBER 1993

SIÂN TRENBERTH, self portrait

SHIRLEY BASSEY, Cantores

Cychwynnodd plentyn byd-enwog Tiger Bay, Shirley Bassey, ar ei gyrfa gerddorol yn yr Astor Club, Llundain. Yn 1955 fe'i cyflogwyd gan yr *impresario*, Jack Hylton a'r flwyddyn ddilynol dechreuodd wneud recordiau. Rhai o'i chaneuon enwocaf yw, 'Kiss Me Honey Honey, Kiss Me', a'r gân thema o ffilm James Bond, *Goldfinger,* ac wrth gwrs, 'Big Spender'.

Mae ei llu dyfarniadau'n cynnwys ugain disg aur a phedair ar ddeg disg arian, Cantores Orau'r *TV Times* (1972 a 1973), Dyfarniad Britannia (1979) a'r Ddiddanwraig Orau o'r American Guild of Variety Artists (1976).

Mae Shirley'n byw ym Monte Carlo ar hyn o bryd, ond tynnais y llun hwn ohoni yn ei charafan goluro, funudau cyn iddi fynd ar y llwyfan yng Nghyngerdd Côr y Byd yng Nghaerdydd ym Mai 1993. Mae'n dal i edrych mor ddeniadol ag erioed, ac mae ei gwên yn datgelu'r synnwyr digrifwch enfawr y bydd llawer yn cofio amdano ar ôl ei hymddangosiad, yn canu 'Smoke Gets in Your Eyes', ar *The Morecambe and Wise Show.*

SHIRLEY BASSEY, Singer

Tiger Bay's world-famous daughter, Shirley Bassey, began her singing career at the Astor Club in London. In 1955 she was signed by the impresario Jack Hylton and the following year she began making records. Some of her greatest hits are 'Kiss Me Honey Honey, Kiss Me', the theme song from the James Bond film, *Goldfinger*, and, of course, 'Big Spender'.

Her many awards include twenty gold and fourteen silver discs, the *TV Times* Best Female Singer (1972 and 1973), the Britannia Award (1979) and the Best Female Entertainer from the American Guild of Variety Artists (1976).

Shirley now lives in Monte Carlo, but I photographed her in her make-up caravan, minutes before she went on stage at the World Choir Concert in Cardiff in May 1993. She still looks as glamorous as ever, and her smile reveals that enormous sense of fun that many will remember from her appearance, singing 'Smoke Gets in Your Eyes', on *The Morecambe and Wise Show.*

HYWEL BENNETT, Actor

Ganwyd Hywel Bennett yng Ngarnant yng Nghwm Aman a chafodd ei addysg yn Ysgol Ramadeg Henry Thornton, Llundain a RADA. Yn 1985, ymunodd â'r Theatr Genedlaethol i chwarae Marlow yn *She Stoops to Conquer* ac yn 1987 chwaraeodd ran Andrei yn *The Three Sisters* yn yr Albery Theatre. Mae ei lu perfformiadau llwyfan eraill yn amredeg o Prince Hal yn *Henry 1V* (rhannau 1 a 2) i Toad yn *Toad of Toad Hall*. Mae hefyd wedi cyfarwyddo cynyrchiadau i Theatr y Sherman yng Nghaerdydd, Birmingham Rep a'r Crucible Theatre yn Sheffield.

Bu Hywel yn seren mewn nifer o ffilmiau nodwedd gan gynnwys *The Family Way, Alice in Wonderland, The Twilight Zone*, a *The Virgin Soldiers*. Clywir ei lais cyfoethog yn aml mewn dramâu radio sain ac fel troslais mewn rhaglenni masnachol ar y teledu. Mae wedi ymddangos mewn sawl drama deledu ond mae'n debyg mai'r rôl a ddaeth ag enwogrwydd iddo yw'r caridym hoffus yn *Shelley* gan Thames Television.

Mae Hywel yn byw yn Llundain ar hyn o bryd a chanddo ferch, Emma.

Hwyaden ydy hi!

HYWEL BENNETT, Actor

Hywel Bennett was born in Garnant in the Amman Valley, and educated at the Henry Thorton Grammar School, London and RADA. In 1985 he joined the National Theatre to play Marlow in *She Stoops to Conquer* and in 1987 he took the part of Andrei in *The Three Sisters* at the Albery Theatre. His many other stage roles range from Prince Hal in *Henry IV* (parts 1 and 2) to Toad in *Toad of Toad Hall*. He has also directed productions for the Sherman Theatre in Cardiff, Birmingham Rep and the Crucible Theatre in Sheffield.

Hywel has starred in a number of feature films including *The Family Way, Alice In Wonderland, The Twilight Zone* and *The Virgin Soldiers*. His rich vocal tones are heard frequently in radio drama and voice-overs for television commercials. He has appeared in many television dramas, but is probably best known for his lovable layabout in Thames Television's *Shelley*.

Hywel now lives in London and has a daughter, Emma.

It's a duck!

H. T. Bennett

JEREMY BOWEN, Gohebydd tramor

Y cof cyntaf sydd gen i am Jeremy Bowen yw ei weld fel 'Jet' mewn perfformiad o *West Side Story* yn Ysgol Uwchradd Caerdydd, ein hysgol ni'n dau. Mae cwrdd â rhywun o'ch plentyndod yn peri ichi ymlacio'n syth a doedd hi ddim yn anodd dod o hyd i bethau i siarad amdanyn nhw wrth imi dynnu llun ohono.

Fe'i ganwyd yng Nghaerdydd ac fe'i haddysgwyd yng Ngholeg y Brifysgol yn Llundain a'r John Hopkins School of Advanced International Affairs. Ar ôl graddio yn 1984, ymunodd â'r BBC fel gohebydd newyddion dan hyfforddiant , gan weithio i ddechrau fel gohebydd ariannol yn Llundain ac yna, yn 1987, fel gohebydd Geneva. Flwyddyn yn ddiweddarach daeth yn ohebydd tramor newyddion teledu ac o ganlyniad mae wedi bod yn disgrifio rhyfeloedd yn y Culfor, Yugoslavia, El Salvador ac Afghanistan, yn ogystal ag adrodd o China wedi'r digwyddiadau trychinebus ar Sgwâr Tianamen.

Mae Jeremy'n byw yn Llundain ar hyn o bryd ac ymhlith ei hobïau mae sgio, ond nid teithio'n bendant.

Fe wna i'r treulie fory!

JEREMY BOWEN, Foreign correspondent

My first memory of Jeremy Bowen is of him as a 'Jet' in a sixth-form production of *West Side Story* at Cardiff High, where we both went to school. Meeting someone from your childhood makes them instantly disarming, so I didn't have trouble finding things to talk about while I photographed him.

Born in Cardiff, Jeremy was educated at University College in London and John Hopkins School of Advanced International Affairs. He joined the BBC as a news trainee on graduating in 1984, working first as a financial reporter in London and then, in 1987, as Geneva correspondent. A year later he became a foreign correspondent for television news and as a result has covered wars in the The Gulf, Yugoslavia, El Salvador and Afghanistan, as well as reporting from China after the tragic events at Tianamen Square.

Jeremy now lives in London and includes among his hobbies skiing, but definitely not travelling.

I'll do my expenses tomorrow!

MAX BOYCE, Comedïwr

Pa Gymro neu Gymraes a all anghofio gweld Max Boyce ar y llwyfan gyda'i sgarff rygbi goch a gwyn, ei genhinen naw troedfedd a'i gitâr, yn gweiddi, 'Ogi, ogi, ogi!' ar ôl i Gymru ennill gêm ryngwladol arall eto fyth? Tynnodd Max Boyce ar y gwladgarwr sydd ym mhob un ohonom, hyd yn oed os nad ydym wedi meddwi ar rygbi. Ond gadewch inni fod yn onest, oes person felly yng Nghymru? Mae Max wedi mynnu mai crefydd arall y genedl yw rygbi ac mai'r hyn a roes y wefr fwyaf erioed iddo oedd clywed 'Hymns and Arias' yn cael ei chanu yn y Stadiwm Genedlaethol.

Ganwyd Max yng Nglyn-nedd ac mae'n dal i fyw yno gyda'i wraig, Jean, a'i ferched Rhiannon a Cathy. Gadawodd yr ysgol pan oedd yn bymtheg oed a mynd i weithio yn y lofa leol. Mae wedi bod yn enwog fel comedïwr, canwr a bardd er 1977 pan deledwyd y *Max Boyce in Concert* gyntaf erioed. Er yr adeg honno mae wedi gwneud llu o gyfresi teledu, ynghyd ag ymddangosiadau gwadd ac arbennig, ac mae miliynau o'i recordiau wedi cael eu gwerthu ar hyd y byd.

Mae wedi teithio'n helaeth a mynd â'i adrodd chwedlau a chanu am Gymru i Hong Kong, Abu Dhabi, Califfornia, Kathmandu, Seland Newydd a thrwy Brydain.

MAX BOYCE, Comedian

What Welsh man or woman can forget the sight of Max Boyce on stage with his red and white rugby scarf, a nine-foot leek and his guitar, shouting 'Oggi, oggi, oggi!' after Wales had won yet another international? Max Boyce brought out the patriot in all of us, rugby lovers or not. But let's face it, who in Wales isn't a rugby lover? Max has said that rugby football is the nation's other religion and that his greatest thrill remains hearing his song, 'Hymns and Arias', sung at The National Stadium.

Max was born in Glyn-neath where he still lives with his wife, Jean, and daughters, Rhiannon and Cathy. He left school at fifteen to work in the local colliery. He has been famous as a comedian, singer and poet since 1977, when *Max Boyce in Concert* was first televised. Since then he has made numerous television series, specials and guest appearances, and his albums have sold millions worldwide.

Having toured extensively, he has taken his storytelling and songs about Wales to Hong Kong, Abu Dhabi, California, Kathmandu, New Zealand and throughout Britain.

WYN CALVIN, Comedïwr

Ganwyd Wyn Calvin, 'Tywysog Chwerthin Cymru', yn sir Benfro a hana o linell hir o bregethwyr Presbyteraidd. Mae'n gomedïwr sydd wedi darlledu ar radio a theledu ac mae wedi ymddangos ar lwyfannau mewn tymhorau haf a sioeau amrywiol er 1945. Ef hefyd yw un o berfformwyr pantomein mwyaf poblogaidd Prydain. Mae bob amser yn chwarae'r ddâm, a'i ffefryn ymhlith ei rolau yw'r Weddw Twankey. Dywed Wyn mai'r grefft o chwarae'r ddâm yn y dull traddodiadol yw peri i'r gynulleidfa gadw mewn cof mai dyn ydych chi.

Mae Wyn yn siaradwr-wedi-cinio poblogaidd ac mae wedi cael ei wahodd wyth o weithiau i siarad yn y Peers' dining-room yn Nhŷ'r Arglwyddi. Mae wedi bod yn 'Frenin' y Grand Order of Water Rats, ac wedi bod yn cynorthwyo elusennau am dros chwarter canrif. Mae wedi bod yn gefnogol i'r Variety Club of Great Britain, y Stars Organization for the Spastics a'r Entertainment Artists' Benevolent Fund. Yn 1989 dyfarnwyd yr MBE iddo am ei waith elusennol a'i ddiddanu.

Yn 1985 priododd Wyn â Carole Tarvin Jones, a welir gydag ef yma. Bu hi unwaith yn ddawnswraig ond mae'n awr yn gweithredu fel ei ddilladydd yn ei waith yn y theatr.

Aros gyda mi – daw dyddiau gwell i ni.

WYN CALVIN, Comedian

Wyn Calvin, 'The Welsh Prince of Laughter', is Pembrokeshire born and comes from a long line of Welsh Presbyterian preachers. A comedian who has broadcast on television and radio, and appeared on stage in summer seasons and variety shows since 1945, he is also one of Britain's most popular pantomime performers. He always plays the dame, his favourite role being Widow Twankey. Wyn says that the skill of playing a dame in the traditional way is never to let the audience forget that you are a man.

Wyn is a popular after-dinner speaker and has been invited eight times to speak in the Peers' dining-room at the House of Lords. A past 'King' of the Grand Order of Water Rats, Wyn has been involved in helping charities for over twenty-five years. He has supported the Variety Club of Britain, the Stars Organization for the Spastics and the Entertainment Artists' Benevolent Fund. In 1989 he was awarded an MBE for his work for charity and entertainment.

In 1985 Wyn married Carole Tarvin Jones, pictured with him here. A former dancer, she acts as his dresser on theatrical engagements.

Stay along wi' me – the best is yet to be.

CARDIFF DEVILS, Tîm hoci iâ

I lawr yng nghraidd Caerdydd, nid nepell o Tiger Bay, roedd pethau'n dechrau poethi. Roedd y Cardiff Devils yn paratoi ar gyfer gêm yn erbyn y Durham Wasps. Roedd y dorf yn anniddig, yn lleisiol, gyffrous; roedd y gwragedd sy'n dilyn y Cardiff Devils yno'n lluoedd, yn awyddus i gael cip ar eu harwyr.

Yn 1993 cafodd y Cardiff Devils helfa dda. Enillasant Gwpan Benson a Hedges, Twrnamaint Sheffield, Cynghrair Heineken, Pencampwriaeth Heineken, y Welsh Invitation Cup a'r Southern Cup. Afraid dweud eu bod hefyd ar dop y cynghrair ac yn Bencampwyr y Goron Lawn.

Dim ond ychydig gannoedd o fetrau sydd rhwng y Rinc Iâ Genedlaethol a'r Stadiwm Genedlaethol. Agorwyd y rinc yn 1987 a ffurfiwyd y Cardiff Devils yr un flwyddyn.

Gŵr o Ganada, John Lawless, yw eu rheolwr/hyfforddwr ac mae gan y tîm hefyd bedwar chwaraewr o Ganada. Yn y llun hwn mae dau o Gaerdydd: Jason Stone (ail o'r chwith) a Nick Chinn (pellaf ar y dde).

'Fydd Uffern ddim poethach!

THE CARDIFF DEVILS, Ice hockey team

Down in the heart of Cardiff, not too far from Tiger Bay, things were hotting up. The Cardiff Devils were preparing for a game against The Durham Wasps. The crowd was restless, vocal, excitable; the Cardiff Devils' female following were out in force, alert for a glimpse of their heroes.

In 1993 The Cardiff Devils swept the board by winning the Benson and Hedges Cup, the Sheffield Tournament, the Heineken League, the Heineken Championship, the Welsh Invitation Cup and the Southern Cup. Needless to say, they were also top of the league and Grand Slam champions.

The Wales National Ice Rink in Cardiff is just a few hundred metres from that other famous sporting venue, the Wales National Stadium. The rink was opened in 1987 and The Cardiff Devils formed the same year.

Their manager/coach is the Canadian John Lawless, and the team also has four players from Canada. Pictured here are two Cardiffians: Jason Stone (second from left) and Nick Chinn (far right).

Hotter than Hell!

ANN CLWYD, Gwleidydd

Ganwyd Ann Clwyd, sydd wedi bod yn Aelod Llafur dros Gwm Cynon er 1984, yn Ninbych. Fe'i haddysgwyd yn The Queen's School, Caer a Choleg Prifysgol Cymru, Bangor. Cyn dod yn AS gweithiai fel Rheolwr Stiwdio i'r BBC ac fel gohebydd a chynhyrchydd ar ei liwt ei hun. Hi oedd gohebydd Cymreig y *Guardian* a'r *Observer* o 1964 hyd 1979, ac roedd yn is-gadeirydd Cyngor y Celfyddydau o 1975 hyd 1979.

O 1979 hyd 1984 Ann oedd yr unig wraig oedd yn Ewro-AS dros Gymru, a phan etholwyd hi i San Steffan yn 1984, fel Aelod Llafur dros Gwm Cynon, hi oedd yr unig Gymraes yn y Tŷ. Daeth yn llefarydd Mainc Flaen y gwrthwynebwyr ar Wragedd (1985–7), ar Addysg (1987–8) ac yn ddiweddarach ar Ddatblygu Tramor a Chyd-weithredu (1989–92). Hi yw llefarydd Llafur ar faterion y Dreftadaeth Genedlaethol.

Mae ei gwasanaeth cyhoeddus yn cynnwys nifer o flynyddoedd yn gweithredu ar Fwrdd Ysbytai Cymru, Cyngor Iechyd Cymunedol Caerdydd, a'r Comisiwn Brenhinol ar y Gwasanaeth Iechyd.

Mae'n briod ag Owen Roberts, a fu ar un adeg yn bennaeth cynorthwyol rhaglenni BBC Cymru. Ei huchelgais fwyaf yw gweld llywodraeth Lafur yn cael ei hethol.

Nac ildiwch byth.

ANN CLWYD, Politician

Labour MP for Cynon Valley since 1984, Ann Clwyd was born in Denbigh and educated at The Queen's School in Chester and University of Wales, Bangor. Before becoming an MP she worked as a BBC studio manager, and as a freelance reporter and producer. She was Welsh correspondent for the *Guardian* and the *Observer* from 1964 to 1979, and vice-chairman of the Welsh Arts Council from 1975 to 1979.

From 1979 to 1984 Ann was Wales's only female Euro-MP, and when she was elected to Westminster in 1984 as Labour MP for the Cynon Valley she was the only Welsh woman in the House. She became opposition Front Bench spokesperson on Women (1985–7), then on Education (1987–8) and later on Overseas Development and Co-operation (1989–92). She is currently Labour's spokesperson for National Heritage.

Her public service includes several years spent on the Welsh Hospital Board, the Cardiff Community Health Council and the Royal Commission on the National Health Service.

Ann is married to Owen Roberts, former assistant head of programmes for BBC Wales. Her greatest ambition is to see a Labour government elected.

Never give up.

Ann Clwyd.

ARGLWYDD CRICKHOWELL, Gwleidydd

Cafodd Nicholas Edwards, Ysgrifennydd Gwladol Cymru rhwng 1979 a 1987 ei wneud yn arglwydd am oes yn 1987 ac fe'i hadnabyddir yn awr fel Baron Crickhowell of Pont Esgob in the Black Mountains and County of Powys.

Gweithredodd fel ail lefftenant yn y Royal Welch Fusiliers ac aeth rhagddo i gael ei gyflogi gan Lloyds. Mae wedi bod yn gyfarwyddwr nifer o gwmnïau yswiriant a diwydiannol a bu'n AS Ceidwadol dros sir Benfro o 1970 hyd 1987. Mae Arglwydd Crickhowell yn Gadeirydd yr Awdurdod Afonydd Cenedlaethol ac yn bysgotwr brwdfrydig ei hun. Wedi iddo gael ei hudo gan yr amgylchedd swynol, breuddwyd y pysgotwr pluen, ychydig tu draw i'w gartref yn Y Fenni, roedd yn anodd ei gael i dalu sylw i'r camera!

Fy rheol euraid pan yn lluddedig neu'n wynebu argyfwng yw dychwelyd i fryniau Cymru i ymlacio ac ailwefru fy matris.

LORD CRICKHOWELL, Politician

Nicholas Edwards, Secretary of State for Wales between 1979 and 1987, was made a life peer in 1987 and is now known as Baron Crickhowell of Pont Esgob in the Black Mountains and County of Powys.

He served as a second lieutenant in the Royal Welch Fusiliers and went on to be employed at Lloyds. He has been a director of numerous insurance and industrial companies and was Conservative MP for Pembrokeshire from 1970 to 1987. Lord Crickhowell is Chairman of the National Rivers Authority and is a keen fisherman himself. Once he was caught up in these idyllic surroundings, a fly-fisherman's dream just beyond his Abergavenny home, it was difficult to get his attention for the camera!

My golden rule when exhausted or facing a crisis is to go back to the Welsh hills to unwind and recharge my batteries.

Crickhowell

GARETH EDWARDS, BARRY JOHN A GERALD DAVIES, Mawrion rygbi

Rhwng 1969 a 1978 helpodd y triawd hyn Gymru i ennill y Bencampwriaeth Ryngwladol a'r Goron Driphlyg bump o weithiau, yn ogystal â'r Bencampwriaeth Lawn deirgwaith, yn 1971, 1976 a 1978.

Ganwyd Gareth Edwards yng Ngwauncaegurwen a chwaraeodd fel mewnwr dros Gymru hanner cant a thair o weithiau, bu'n gapten dair ar ddeg o weithiau gan gynnwys y ganfed gêm ryngwladol ar Barc yr Arfau ar 19 Ionawr 1974. Bu'n chwarae i'r Barbariaid ac ar dair o deithiau'r Llewod. Yn 1975 cafodd Gareth yr MBE am ei wasanaeth i rygbi.

Mae Barry John wedi cynrychioli Ysgol Ramadeg y Gwendraeth, Coleg y Drindod, Caerfyrddin, Cefneithin, Pontyberem, Llanelli, Caerdydd, y Barbariaid, y Llewod a Chymru. Chwaraeodd fel maswr bump ar hugain o weithiau dros Gymru o 1966 hyd 1972. Ar daith y Llewod i Seland Newydd yn 1971 cafodd yr enw 'Brenin' John, gan iddo sgorio 188 o bwyntiau mewn dwy gêm ar bymtheg.

Mae Gerald Davies yn ddarlledwr ac yn ohebydd i *The Times*. Bu'n gapten Caerdydd o 1975 hyd 1979. Enillodd bymtheg ar hugain o gapiau dros Gymru ar yr ystlys ac un ar ddeg fel canolwr. Chwaraeodd bedair ar bymtheg gêm i'r Llewod, gan sgorio tri chais yn Seland Newydd yn 1971.

GARETH EDWARDS, BARRY JOHN AND GERALD DAVIES, Rugby legends

Between 1969 and 1978 this trio helped Wales to win both the International Championship and the Triple Crown five times, as well as three Grand Slams in 1971, 1976 and 1978.

Born in Gwauncaegurwen, Gareth Edwards played scrum-half for Wales fifty-three times, skippering the team thirteen times including the hundredth international played at the Cardiff Arms Park on 19 January 1974. He also played for the Barbarians and on three British Lions tours. In 1975 Gareth was awarded an MBE for his services to rugby.

Barry John has represented Gwendraeth Grammar School, Trinity College Carmarthen, Cefneithin, Pontyberem, Llanelli, Cardiff, the Barbarians, the British Lions and Wales. He played outside-half in twenty-five games for Wales from 1966 to 1972. On the Lions tour of New Zealand in 1971 he was dubbed 'King' John, scoring 188 points in seventeen matches.

Now a broadcaster and journalist for *The Times*, Gerald Davies skippered Cardiff from 1975 to 1979. He won thirty-five caps for Wales as wing and eleven caps as centre. He played nineteen times for the British Lions, scoring three tries in the 1971 series against New Zealand.

Barry John

Gareth Edwards

Gerald Davies

SARA EDWARDS, SIÂN LLOYD AC ANGHARAD MAIR, Cyflwynyddion teledu

Os oedd gen i unrhyw bryder ynghylch sut y gallwn i gael tair o bersonoliaethau'r cyfryngau i sesiwn ffotograffiaeth gyda'i gilydd, doedd dim rhaid i mi bryderu gan i Sara Edwards, Siân Lloyd ac Angharad Mair gwrdd yn fy stiwdio. Talodd fy nghyfraniad i undod gwragedd ar ei ganfed wrth iddyn nhw gyfnewid straeon, adrodd y diweddaraf am eu bywydau personol a sôn am yr hel clecs a welir ym myd cyflwynwyr teledu.

Ganwyd Sara Edwards yng Nghaerdydd, ei thad yn llawfeddyg a'i mam yn actores. Enillodd radd mewn Hanes Cynnar a Diweddar ym Mhrifysgol Llundain. Mae'n gyflwynydd rhaglen newyddion BBC Cymru, *Wales Today*.

Cyflwynwraig dywydd i ITN yw Siân Lloyd. Fe'i ganwyd ym Maesteg ac mae ganddi gartrefi yn Wiltshire, Caerdydd a Llundain. Yn ei horiau hamdden mae'n hoffi coginio, teithio a thrin camera. Cyflwynydd newyddion ar *Newyddion* S4C yw Angharad Mair. Fe'i ganwyd yn Llanelli ac mae'n byw yng Nghaerdydd ar hyn o bryd. Ei hobi yw rhedeg ac mae wedi cystadlu yn rasys marathon Efrog Newydd a Berlin.

SARA EDWARDS, SIÂN LLOYD AND ANGHARAD MAIR, Television presenters

If I were at all concerned how three female media personalities would get on in a photo session together, my reservations were unfounded when Sara Edwards, Siân Lloyd and Angharad Mair met at my studio. My subscription to female solidarity paid off as they swapped chat, updates on their personal lives and professional television presenters' gossip.

Born in Cardiff of a surgeon father and an actress mother, Sara Edwards gained a degree in Medieval and Modern History from the University of London. She is a presenter for the BBC Wales news programme *Wales Today*.

Siân Lloyd is a weather presenter for ITN. Born in Maesteg, she has homes in Wiltshire, Cardiff and London. Her leisure activities are cooking, travelling and photography.

A news presenter on S4C's *Newyddion*, Angharad Mair was born in Llanelli and now lives in Cardiff. Her hobby is running and she has competed in both the New York and Berlin marathons.

Angharad Maik

Sara Elika Edwards -

Sian

GWYNFOR EVANS, Gwleidydd

Es i'm sesiwn ffotograffiaeth ym Mhencarreg, Dyfed, gyda Gwynfor Evans yn syth ar ôl tynnu llun ei fab-yng-nghyfraith, Ffred Ffransis, ychydig filltiroedd i ffwrdd yn Llanfihangel-ar-arth. Mae Ffred yn briod â merch Gwynfor, Meinir.

Fe'i ganwyd yn y Barri a chafodd ei addysg yng Ngholeg Prifysgol Cymru, Aberystwyth a Choleg Sant Ioan, Rhydychen gan raddio yn y Gyfraith. Mae ganddo hefyd radd er anrhydedd. Pan dorrodd yr Ail Ryfel Byd allan roedd yn ymwrthodydd cydwybodol a daeth yn ysgrifennydd *Heddychwyr Cymru*. Er iddo gael ei eithrio'n ddiamod, yn hytrach nag ymarfer yn y gyfraith dechreuodd ardd fasnach a pharhau gyda'r gwaith am y chwarter canrif nesaf.

Dros ddau gyfnod rhwng 1966 a 1979, bu Gwynfor yn AS Plaid Cymru dros sir Gaerfyrddin. Aeth ar streic newyn yn 1980 i ymgyrchu dros ei sianel deledu ei hun i Gymru, S4C. Mae'n gyn-lywydd Plaid Cymru (1945–81) ac mae wedi bod yn llywydd anrhydeddus er 1982. Mae'n byw ym Mhencarreg ar hyn o bryd.

Ni frysia'r hwn a gredo.

GWYNFOR EVANS, Politician

I went to my photo session in Pencarreg, Dyfed, with Gwynfor Evans immediately after photographing his son-in-law, Ffred Ffransis, a few miles away in Llanfihangel-ar-arth. Ffred is married to Gwynfor's daughter, Meinir.

Born in Barry, and educated at Aberystwyth University and St John's College, Oxford, Gwynfor graduated in Law and also has an honorary degree. When the Second World War broke out he was a conscientious objector and became secretary of *Heddychwyr Cymru* (Peacemakers). Although he had an unconditional exemption, instead of practising law he began market gardening, which he continued for the next twenty-five years.

For two periods between 1966 and 1979 Gwynfor was the Plaid Cymru MP for Carmarthen county. He went on hunger strike in 1980 to campaign for Wales's own television channel, S4C. He is a former president of Plaid Cymru (1945–81) and has been honorary president since 1982. He now lives in Pencarreg.

He who believes does not make haste. (Welsh proverb)

Gwynfor Evans

IEUAN EVANS, Chwaraewr rygbi

Mae Ieuan Cenydd Evans wedi cynrychioli Ysgol Ramadeg y Frenhines Elizabeth, Caerfyrddin, Prifysgol Salford, Myfyrwyr Cymru, Cymru a'r Barbariaid ac yn 1933 chwaraeodd i'r Llewod mewn tair gêm brawf yn Seland Newydd.

Mae Ieuan yn chwarae rygbi i Lanelli ar hyn o bryd ac mae wedi bod yn gapten Cymru dair ar ddeg o weithiau. Ei foment fawr, yn ddiamau, oedd sgorio'r cais a ddaeth â buddugoliaeth 10–9 i Gymru dros Loegr yn Chwefror 1993 yn y Stadiwm Genedlaethol.

Er ei fod wedi datgysylltu ei ysgwydd bedair o weithiau, mae nawr yn chwarae ar ei orau ac mewn tri thymor yng Nghynghrair Heineken ef sydd wedi sgorio'r nifer mwyaf o geisiau, yn ogystal â dod ar y brig fel un o sgorwyr uchaf unrhyw un tymor, ar y cyd â Wayne Proctor, gydag ugain cais.

Fe'i ganwyd yng Nghapel Dewi ond mae'n byw yn Llanelli ar hyn o bryd. Mae'n weithredwr gyda chwmni prydlesu ceir. Ei syniad ef oedd gwisgo cit rygbi cyn y 1890au a sticio mwstas dan ei drwyn. Cyn ichi ddweud ei fod yn dal pêl socer, dyna oedd siap pêl rygbi'r dyddiau hynny.

IEUAN EVANS, Rugby player

Ieuan Cenydd Evans has represented Queen Elizabeth Grammar School, Carmarthen, Salford University, Wales's Students, Wales, and the Barbarians, and in 1993 he played for the British Lions in three tests in New Zealand.

Ieuan currently plays rugby for Llanelli and has captained Wales thirteen times. His greatest moment was undoubtedly scoring the try that brought Wales a 10–9 victory over England in February 1993 at the Wales National Stadium.

Although he has dislocated his shoulder four times, he is now playing on top form and in three seasons of the Wales Heineken League has scored the most tries, as well as heading any one season's top scorers, jointly with Wayne Proctor, with twenty tries.

Born in Capel Dewi but now living in Llanelli, Ieuan is an executive in a car-leasing company. It was his idea to put on an 1890s rugby kit, complete with a stick-on moustache – and before you say he's holding a football, that was the shape of a rugby ball in those days.

FFRED FFRANSIS, Gweithredwr

Roedd Ffred Ffransis yn cadw hen draddodiad Cymreig pan gyrhaeddais ei gartref am un ar ddeg ar fore Sul – roedd yn dal yn ei wely. Wedi iddo godi ymhen hir a hwyr, penderfynais dynnu llun ohono gyda'i saith plentyn y tu allan i'r tŷ, ond yn gyntaf roedd rhaid inni symud y fan dransit. Roedd hi fel ffair pan aeth pawb ati i chwilio am yr allwedd!

Ganwyd Ffred yng Nghonwy, Gwynedd ond mae'n byw ar hyn o bryd yn Llanfihangel-ar-arth, Dyfed. Er 1968 mae wedi bod ar Senedd Cymdeithas yr Iaith ac yn 1974 gwnaed ef yn gadeirydd. Mae wedi cael ei garcharu chwech o weithiau am weithredu dros yr iaith a phan dynnwyd y llun hwn roedd ei ferch Lleucu (pedwaredd o'r dde), wedi bod ar streic newyn dros achosion Cymreig. Adroddwyd am hyn ar dudalen flaen y *Western Mail*. Pan fo'n ymlacio, mae Ffred Ffransis yn hoffi gwrando ar Elvis Presley. Mae'n briod â Meinir, merch Gwynfor Evans ac mae ganddynt bum merch a dau fab.

Yr ydym eisoes wedi croesi o farwolaeth i fywyd trwy'r Un a'n carodd.

FFRED FFRANSIS, Activist

Ffred Ffransis was following an old Welsh tradition when I arrived at his house at 11.00 a.m. one Sunday morning – he was still in bed. When he finally got up I decided to photograph him with his seven children, outside the house, but first we had to move the transit van. Then there was pandemonium while everyone searched for the key!

Born in Conwy, Gwynedd, Ffred now lives in Llanfihangel-ar-arth, Dyfed. Since 1968 he has been on the Senate of *Cymdeithas yr Iaith* (the Welsh Language Society), and in 1974 he became the chairman. He has had six prison sentences for language activities, and at the time of this picture his daughter, Lleucu (fourth from the right), had been on a hunger strike for Welsh causes. This was reported on the front page of the *Western Mail*.

For relaxation Ffred likes to listen to Elvis Presley. He is married to Gwynfor Evans's daughter, Meinir, and they have five daughters and two sons.

We have already crossed from death to life through the One who loved us.

KARL FRANCIS, Gwneuthurwr ffilmiau

Dechreuodd Karl Francis ar ei yrfa fel ysgrifennwr/actor ac yn 1972 aeth rhagddo i gynhyrchu a chyfarwyddo'r rhaglen faterion cyfoes *Weekend World*. Yn ystod y cyfnod pan gafodd ei roi ar restr ddu oherwydd ei weithredu gwleidyddol a phan ddioddefai o alcoholiaeth, gwnaeth ei ffilmiau annibynnol ei hun (cyn dyfod Sianel 4) a dangoswyd ei waith ym mhythefnos y cyfarwyddwyr yn Cannes yn 1980.

Yn yr ychydig flynyddoedd diwethaf mae wedi dychwelyd i brif ffrwd teledu i fwynhau cryn glod gyda'i ddramâu ffilm cignoeth sy'n cynnwys *Yr Alcoholig Llon, Morphine and Dolly Mixtures, Milwr Bychan, Ms Rhymney Valley*, ac *Angry Earth*. Mae ei gyfresi teledu'n cynnwys *Civvies, The Committee*, ac yn fwyaf diweddar i HTV, *Judas and the Gimp*.

Fel cyfarwyddwr, mae gan Karl air o fod yn ddigymrodedd. Dywedodd actor ar y set wrthyf iddo ofyn i Karl sut y dymunai iddo chwarae golygfa arbennig, a chael yr ateb, 'Paid â gofyn i fi, Boio. Ti yw'r actor, bant â thi.'

Chwipia'r chwip dros y wal.

KARL FRANCIS, Film maker

Karl Francis began his career as an actor-writer and in 1972 went on to produce and direct the current affairs programme *Weekend World*. During a period when he was blacklisted for his political activities and suffered from alcoholism he made his own independent films (before the advent of Channel 4), and his work was shown in the directors' fortnight at Cannes in 1980.

In the last few years he has returned to mainstream television to enjoy much acclaim with his hard-hitting film dramas, which include *The Happy Alcoholic, Morphine and Dolly Mixtures, Boy Soldier, Ms Rhymney Valley* and *Angry Earth*. His television series include *Civvies, The Committee* and most recently, for HTV, *Judas and the Gimp*.

As a director Karl has a no-nonsense reputation. An actor on the set told me that he had asked Karl how he wanted him to play a particular scene, to which the director replied, 'Don't ask me, Boyo. You're the actor, just get on and do it.'

Whip the whip over the wall.

Karl Harris

RYAN GIGGS, Pêl-droediwr

Ganwyd Ryan Giggs yng Nghaerdydd ond mae'n byw ym Manceinion ar hyn o bryd. Fe'i disgrifiwyd fel y dalent fwyaf cyffrous ym mhêl-droed Prydain er George Best. Pan oedd yn blentyn ysgol bu'n chwarae i Loegr a Salford gan iddo adael Caerdydd pan oedd yn naw oed. Mae wedi chwarae i dîmau ieuenctid a than 21 Cymru. Trwy chwarae'n llydan yng nghanol y cae a gweithredu fel ystlyswr enillodd y llanc o Manchester United fedal Pencampwriaeth y Prif Gynghrair y tymor hwn.

Chwaraeodd Ryan ei gêm ryngwladol gyntaf dros Gymru fel eilydd mewn gêm rhwng Cymru a'r Almaen yn Nuremburg yn Hydref 1991, fis yn unig cyn ei ben blwydd yn ddeunaw oed. Ef oedd yr ieuengaf erioed i chwarae dros Gymru. Yn 1993 fe'i dyfarnwyd yn Chwaraewr Ifanc y Flwyddyn gan Gymdeithas y Chwaraewyr Proffesiynol.

Bu'r sesiwn dynnu lluniau gyda Ryan ar y diwrnod y sgoriodd y gôl a helpodd Gymru i drechu Gwlad Belg 2-0 yn y Stadiwm Genedlaethol yn Ebrill 1993. Gofynnais i Ryan ai i Manchester United yr oedd wedi chwarae bob amser. 'Yeah, I've been pretty lucky,' oedd ei ateb ac ychwanegodd â gwên ddrygionus, 'I could have been playing for Newport!'

RYAN GIGGS, Footballer

Born in Cardiff, now living in Manchester, Ryan Giggs has been described as the most exciting talent in British football since George Best. He played for England and Salford at schoolboy level, having left Cardiff at the age of nine, and then progressed through the Wales youth and under-21 sides. Playing wide on the left and operating as a winger, the Manchester United youngster gained a Premier Division championship-winning medal this season.

Ryan's debut as a Welsh international was as a sub in a Wales v. Germany match at Nuremburg in October 1991, just a month before his eighteenth birthday. He was the youngest ever to play for Wales. In 1993 he was voted the PFA's Young Player of the Year.

The photo session with Ryan took place the day before he scored a goal that helped Wales to beat Belgium 2–0 at the National Stadium in April 1993. I asked Ryan if he'd always played for Manchester United. 'Yeah, I've been pretty lucky,' he replied, and added with a cheeky smile, 'I could have been playing for Newport!'

IRIS GOWER, Awdur

Mae Iris Gower wedi cael deg nofel ar frig y rhestr werthiant ac fe'i gelwir o'r herwydd yn Catherine Cookson Abertawe. Mae ei llyfrau wedi cael eu cyhoeddi led-led y byd a'u trosi i nifer o ieithoedd. Yn 1988, fe'i hanrhydeddwyd gan Arglwydd Faer Abertawe am ei chyfraniad i lenyddiaeth ac mae wedi bod ar restr Gwerthu Chwim y *Guardian* am nifer o flynyddoedd.

Pan gwrddon ni, roedd Iris ar fin cychwyn y trydydd llyfr o chwech yng nghyfres Cordwainer, *Honey's Farm*.

Fe'i ganwyd yn Abertawe ac mae'n dal i fyw yno. Mae'n briod a chanddi bedwar o blant. Tynnais y llun ohoni ar y rhan honno o'r traeth lle mae'n cerdded ei chŵn ac yn cael ei hysbrydoliaeth. Dangosodd imi'r mannau ar hyd yr arfordir sy'n gefndir i'w llyfrau: Bae Mwmbwls, Castell Ystumllwynarth a bythynnod y pysgotwyr.

Mae gan Gymro mawr lygad sinig ac enaid bardd.

IRIS GOWER, Author

Dubbed the Catherine Cookson of Swansea, Iris Gower has had ten best-selling novels, and her books have been published worldwide and translated into several languages. She was honoured by the Lord Mayor of Swansea in 1988 for her contribution to literature and has been on the *Guardian* Fast Sellers list for many years.

When we met, Iris was shortly to begin the third book of six in the Cordwainer's series, *Honey's Farm*.

Born in Swansea, where she still lives, Iris is married with four children. I photographed her on the part of the beach where she walks her dogs and finds inspiration. She pointed out the places along the coastline where her books are set: Mumbles Bay, Oystermouth Castle and the fishermen's cottages.

A great Welshman has the eye of a cynic and the soul of a poet.

TERRY GRIFFITHS, Chwaraewr snwcer

Camp orau Terry Griffiths oedd honno pan drechodd Dennis Taylor 24–16 i ennill Pencampwriaeth Embassy'r Byd yn 1979. Ef oedd y cystadleuydd cyntaf i ennill yr ornest hon ar ei gyfle cyntaf. Daeth ei fuddugoliaeth lai na blwyddyn ar ôl iddo droi'n broffesiynol; hyn ar ôl ennill y Welsh Amateur yn 1975 a'r English Amateur ddwywaith. Mae hefyd wedi ennill y Coral UK, y Lada Classic a'r Proffesiyol Cymreig yn 1985, 1986 a 1988. Mae buddugoliaethau eraill yn cynnwys yr Hong Hong Camus Masters a'r BCE Belgian Classic. Roedd yn ail yn y Gamp Agored Ewropeaidd yn 1989, gan golli 9–8 i John Parrott.

Cafodd ei eni a'i godi yn Llanelli. Ei waith cyntaf oedd postman. Mae'n dal i chwarae mewn gornestau ac mae'n aelod o stabl Barry Hearn. Mae'n berchennog ar ddau glwb yn ardal Llanelli.

Fel Libran mae Terry'n meddu ar y nodweddion pwyso a mesur sy'n angenrheidiol i chwarae snwcer proffesiynol. Yn y llun ohono rown i am gipio'r canolbwyntio ac awyrgylch dwys gêm. Gofynnais i Terry syllu i lygad y camera – a nawr gwn sut mae'r bêl ddu'n teimlo!

Mae gan Gymro mawr y gallu i drin pawb yr un fath, hyd yn oed y Saeson.

TERRY GRIFFITHS, Snooker player

Terry Griffiths' best performance was when he beat Dennis Taylor 24–16 to win the Embassy World Championship in 1979. He was the only competitor to win this tournament at the first attempt. His triumph was less than a year after turning professional, having won the Welsh Amateur in 1975 and twice winning the English Amateur. He has also won the Coral UK, the Lada Classic and the Welsh Professional in 1985, 1986 and 1988, respectively. Other wins include the Camus Hong Kong Masters and the BCE Belgian Classic. He was runner-up in the 1989 European Open, losing 9–8 to John Parrott.

Born and brought up in Llanelli, Terry's first job was as a postman. Still an active tournament player, he is a member of the Barry Hearn stable and owns two snooker clubs in the Llanelli area.

As a Libran, Terry has the weighing-up qualities required to play professional snooker. In his portrait I wanted to capture the concentration and intense atmosphere of the game. I asked Terry to glare straight into the camera – now I know how the black ball feels!

A great Welshman has the ability to treat all people the same, even the English.

Terry Griffiths

ALUN HODDINOTT, Cyfansoddwr

Ganwyd yr Athro Emeritws Alun Hoddinott, CBE, ym Margod ac fe'i haddysgwyd ym Mhrifysgol Cymru Coleg Caerdydd lle yr enillodd radd mewn Cerddoriaeth. Roedd yn ysgolor cerdd Morgannwg ac enillodd fedal Arnold Bax a gwobr Walford Davies. Cychwynnodd fel darlithydd yng Ngholeg Cerdd a Drama Caerdydd yn 1951 a daeth yn ddarlithydd ac yna'n ddarllenydd o 1959 ymlaen ym Mhrifysgol Cymru Coleg Caerdydd. Yn ddiweddarach fe'i gwnaed yn athro a phennaeth yr Adran Gerdd, swydd y bu ynddi tan 1987.

Mae Alun wedi cyfansoddi dros hanner cant o weithiau cerddorfaol a siambr, gan gynnwys chwe symffoni, *Rhapsody on Welsh Tunes*, pedair swît o *Dawnsiau Cymreig*, *Noctis Equi for Cello and Orchestra* a *Star Children*. Mae ei gerddoriaeth wedi cael ei chomisiynu, ymhlith eraill, gan y Cheltenham Festival, Sain Dunwyd, Rostropovich, Proms Llundain a Gŵyl Llandaf. Mae ei operâu cyhoeddedig yn cynnwys *What the Old Man Does is Always Right*, *The Rajah's Diamond* a *The Magician*.

Ef yw sefydlydd a Chyfarwyddwr Artistig Gŵyl Gerdd Caerdydd ac mae'n llywydd ar hyn o bryd, yn ogystal â bod yn aelod o Bwyllgor Cerdd Ymgynghorol y BBC ac yn aelod anrhydeddus o'r Academi Gerdd Frenhinol.

Yr hyd nad yw'n frown byth sy saffaf yn y byd hwn. (Dylan Thomas)

ALUN HODDINOTT, Composer

Emeritus Professor Alun Hoddinott, CBE, was born in Bargoed and educated at University of Wales College of Cardiff, where he gained a degree in Music. He was a Glamorgan music scholar, and won the Arnold Bax medal and the Walford Davies prize. Starting as a lecturer at the Welsh College of Music and Drama in 1951, he became lecturer and then reader from 1959 at University of Wales College of Cardiff. He was later made professor and head of the music department, a post he held until 1987.

Alun has composed over fifty orchestral and chamber works, including six symphonies, *Rhapsody on Welsh Tunes*, four suites of *Welsh Dances*, *Noctis Equi for Cello and Orchestra* and *Star Children*. His music has been commissioned by, among others, the Cheltenham Festival, St Donat's, Rostropovich, the London Proms and the Llandaff Festival. His published operas include *What the Old Man Does is Always Right*, *The Rajah's Diamond* and *The Magician*.

Founder and Artistic Director of the Cardiff Festival of Music, he is currently its president, as well as a member of the BBC Music Advisory Committee and an honorary member of the Royal Academy of Music.

What's never brown is safest in this life. (Dylan Thomas)

Alun Hoddinott

SYR JULIAN HODGE, Banciwr

Ac yntau wedi byw mewn cwm glofaol Cymreig yn ystod y Dirwasgiad Mawr yn y 1930au, roedd Syr Julian Hodge am roi i Gymru ychydig o'r annibyniaeth ariannol a ddaw gydag economi rydd. O hyn yr ymddangosodd Julian S. Hodge fel banc masnachol a chwmnïau eraill yng Ngrŵp Hodge, a fu'n gymorth i ffurfio rhannau cyfansoddol marchnad arian.

Daeth Syr Julian i amlygrwydd gyntaf trwy'r ymgyrchoedd a arweiniodd ar ran cyfranddalwyr i sicrau telerau cymryd drosodd gwell iddyn nhw. Sefydlodd Fanc Masnachol Cymru (a pharhau'n gadeirydd tan 1985) a'r Julian Hodge Bank Limited. Mae'n ymfalchïo yn y ffaith iddo raddio o fod yn fyfyriwr nos yng nghyn Goleg Technegol Caerdydd i ddod yn llywydd UWIST.

Mae ei weithiau elusennol yn niferus, ac yn cynnwys sefydlu cwrs gradd mewn Nyrsio, cadeiriau Bancio ac Ariannu, ac adeiladu cartref ar gyfer plant dan anfantais yn y Bont-faen. Mae hefyd yn chwarae rhan yn y Childbirth Injuries Foundation Hospital yn Addis Ababa a'r Weizmann Institute yn Israel sy'n ymchwilio i afiechydon trofannol ac AIDS.

Integritate et industria.

SIR JULIAN HODGE, Banker

Having lived in a Welsh mining valley during the Great Depression of the 1930s, Sir Julian Hodge wanted to give Wales some of the financial independence that goes with a free economy. From this emerged Julian S. Hodge as a merchant bank and other companies in the Hodge Group, which assisted in forming the constituent parts of a money market.

Sir Julian first came to prominence through the campaigns he conducted on behalf of shareholders to secure them better take-over terms. He founded both the Commercial Bank of Wales (remaining its chairman until 1985) and the Julian Hodge Bank Limited. He takes pride in the fact that he graduated from an evening student at the former Cardiff Technical College to become the president of UWIST.

His charitable works are numerous and include setting up a degree course in Nursing, chairs in Banking and Finance, and building a home for handicapped children in Cowbridge. He is also involved in the Childbirth Injuries Foundation Hospital in Addis Ababa and the Weizmann Institute in Israel, which researches into tropical diseases and AIDS.

Integritate et industria.

SYR ANTHONY HOPKINS, Actor

Mae actor byw mwyaf Cymru wedi teithio'n bell o'i gychwyn di-nod yn Nhai-bach, Port Talbot, rai milltiroedd o'r fan lle ganwyd Richard Burton. Coronwyd gyrfa Syr Anthony Hopkins, sydd yn cynnwys *King Lear* yn y Theatr Genedlaethol, a ffilmiau fel *The Elephant Man, A Bridge Too Far, The Bounty*, a *Howard's End*, yn 1992 pan enillodd Oscar am *Silence of the Lambs*. Ef yw'r ail Gymro'n unig i ennill Oscar am fod yn actor gorau. Y cyntaf oedd Ray Milland yn 1945.

Pan gyrhaeddais i dynnu llun ohono yn ei gartref yn Knightsbridge, roedd Syr Anthony yn edrych ar ei sgript ar gyfer *Chaplin*. Dywedodd wrthyf ei fod yn caru dysgu pob golygfa cyn dechrau gweithio ar ffilm. Roedd yn ôl yng Nghymru yn 1993, yn ffilmio drama deledu, *A Few Selected Exits* i'r BBC, y tro hwn, gyda'i ferch, Abigail sy'n actores. Cyn imi adael, cefais wledd wrth ei glywed yn rhoi personadau digri o'i gyd-actorion, o Marlon Brando ac Arglwydd Olivier at ein Philip Madoc ni. Mae Syr Anthony wedi ennill cymaint o enwogrwydd fel ei fod wedi'i anfarwoli yn Madame Tussaud's.

Na ofynnwch ddim, na ddisgwyliwch ddim, a derbyniwch bopeth.

SIR ANTHONY HOPKINS, Actor

Wales's greatest living actor has come a long way from his humble beginnings in Taibach, Port Talbot, just a few miles from where Richard Burton was born. Sir Anthony Hopkins's thirty-year career, which has included *King Lear* at The National Theatre and films like *The Elephant Man, A Bridge Too Far, The Bounty* and *Howard's End*, was crowned in 1992 when he won an Oscar for *Silence of the Lambs*. He is only the second Welshman to win an Oscar for best actor, the first being Ray Milland in 1945.

When I arrived to photograph him at his Knightsbridge home, Sir Anthony was looking at his script for *Chaplin*. He told me that he liked to learn all of his scenes by heart before starting work on a film. He was back in Wales in 1993, filming a television drama for the BBC, *A Few Selected Exits*, this time alongside his actress daughter, Abigail. Before I left I was treated to some of his hilarious impersonations of fellow actors, from Marlon Brando and Lord Olivier to our own Philip Madoc. Sir Anthony's fame is such that he has now been immortalized at Madame Tussaud's.

Ask nothing, expect nothing and accept everything.

DR KIM HOWELLS, Gwleidydd

Cafodd Dr Kim Howells ei godi yn Aberdâr a chafodd waith i ddechrau yn y gwaith dur. Aeth wedyn yn löwr. Cafodd ei addysg yn Ysgol Ramadeg Aberpennar a Choleg Celf Hornsey, ond ni ddyfarnwyd diploma iddo oherwydd ei ran mewn trefnu protestiadau ac eisteddiadau-i-mewn myfyrwyr yn 1968. Aeth rhagddo i ennill gradd gyfun BA mewn Hanes a Saesneg yn y Cambridge College of Advanced Technology; yna enillodd Ddoethuriaeth ar Hanes Meysydd Glo De Cymru ym Mhrifysgol Warwick yn 1979.

Bu Kim yn ddarlithio am bedair blynedd ac yna aeth i weithio yn llyfrgell y glowyr yng Ngholeg Prifysgol Abertawe. Bu'n swyddog ymchwil i Undeb y Glowyr Rhanbarth De Cymru o 1982–9. Yn ystod streic y glowyr 1984–5 ef oedd llefarydd yr undeb, yn trefnu picedi ac yn codi arian nes i Arthur Scargill roi taw arno. Mae wedi bod yn AS Llafur dros Bontypridd er 1989.

Gan mai mynydda yw prif bleser Kim, penderfynais dynnu llun ohono ar gopa mynydd ger ei gartref ym Mhontypridd, er bod fy magiau camera trwm yn golygu fod yn rhaid inni yrru'n hytrach na cherdded. Mae dringo mwy egnïol Kim wedi mynd ag ef i Alpau'r Eidal, Y Swistir a Ffrainc.

Na ddilynwch arweinyddion gwyliwch y mesuryddion parcio . . . (Bob Dylan).

DR KIM HOWELLS, Politician

Brought up in Aberdare, Dr Kim Scott Howells began his working life as a steelworker and then a coalminer. Educated at Mountain Ash Grammar School and Hornsey College of Art, he was not awarded his diploma because of his part in organizing the student protests and sit-ins of 1968. He went on to gain a BA Joint Honours in History and English from Cambridge College of Advanced Technology, then obtained a PhD in the History of the Welsh Coalfields at Warwick University in 1979.

For four years Kim lectured and then he worked in the miners' library at Swansea University. He was research officer of the National Union of Miners for the South Wales area from 1982 to 1989. During the miners' strike of 1984–5 he was union spokesperson, organizing pickets and fund-raising until silenced by Arthur Scargill. He has been Labour MP for Pontypridd since 1989.

As Kim's real joy is mountaineering I decided to take his photograph on top of a hill near his Pontypridd home, though my heavy camera bags meant we had to drive rather than walk. Kim's more strenuous climbing expeditions have taken him to the Italian, Swiss and French Alps.

Don't follow leaders watch the parking meters . . . (Bob Dylan)

NERYS HUGHES, Actores

Mae pobl yn cofio Nerys Hughes yn bennaf am ei rhan fel Sandra benchwiban, fyrlymus yng nghyfres hynod lwyddiannus y BBC, *The Liver Birds* (you dancin' . . . you askin'?). Gwelwyd y gyfres gan dros bymtheg miliwn o bobl am un flynedd ar ddeg. Chwaraeodd ran arall gofiadwy hefyd, sef Megan Roberts, yn *District Nurse* y BBC. Cafodd ei ffilmio'n gyfangwbl yng Nghymru a gwnaeth Nerys Megan, â'i het fflopi a ddisgynnai dros ei llygaid bron, yn ffefryn-teulu arall.

Ar gyfer y cynulleidfaoedd iau, mae Nerys wedi recordio sawl argraffiad o *Listen with Mother*, *Alphabet Zoo*, *Rainbow*, *Playway* a *Jackanory*. Mae ei dramâu teledu diweddaraf i'r BBC yn cynnwys *Survival of the Fittest* a *Gallowglass* ac mae hefyd wedi ymddangos mewn nifer o gynyrchiadau theatr. Cafodd ei henwi'n Actores y Flwyddyn gan y Variety Club yn 1984.

Fe'i ganwyd yn y Rhyl ac mae'n byw yn Llundain ar hyn o bryd gyda'i gŵr, Patrick, a'i phlant, Mari Claire a Ben.

> *Mae'r Cymro'n frenin yn ei gartref ei hun a'r*
> *Gymraes yn ddigon clyfar i beri iddo gredu hynny.*

NERYS HUGHES, Actress

Nerys Hughes is best known for her role as the scatty and bubbly Sandra in the enormously successful BBC series *The Liver Birds* (you dancin' . . . you askin'?). The series was seen by over fifteen million people for eleven years. She played another memorable character, Megan Roberts, in the BBC's *District Nurse*. Filmed entirely in Wales, Nerys made Megan, with her floppy hat which almost covered her eyes, another household favourite.

For younger audiences Nerys has recorded several editions of *Listen with Mother*, *Alphabet Zoo*, *Rainbow*, *Playaway* and *Jackanory*. Her recent television drama for the BBC includes *Survival of the Fittest* and *Gallowglass*, and she has also appeared in a number of theatre productions. She was named the Variety Club Actress of the Year in 1984.

Born in Rhyl, Nerys now lives in London with her husband, Patrick, and her children, Mari Claire and Ben.

> *A Welshman is king in his own home and a Welsh*
> *woman is clever enough to let him think he is.*

Nenys Hughes

OWAIN ARWEL HUGHES, Arweinydd

Mae Owain Arwel Hughes wedi mwynhau llwyddiant fel cyd-arweinydd gyda Cherddorfa Symffoni Gymreig y BBC a'r Ffilharmonia. Yn 1986 creodd y Cyngherddau Promenâd Cymreig yng Nghaerdydd ac maen nhw bellach wedi sefydlu fel digwyddiad blynyddol. Maen nhw'n enwog am eu rhaglennu llawn dychymyg ac am gomisiynu cerddoriaeth newydd. Roedd hefyd yn gyfrifol am drefnu Cyngerdd Côr y Byd a gynhaliwyd yn y Stadiwn Genedlaethol yn 1993.

Mae Owain Arwel Hughes yn arwain yn gyson dros y byd. Mae galw amdano'n arbennig yn Sgandinafia lle mae wedi arwain cerddorfeydd Helsinki, Oslo, Bergen, Malmo a Gävleborgs. Bu'n gweithio'n ddiweddar gyda'r München Symphony a'r Rotterdam Philharmonic ac yn 1992 gwnaeth ei ymddangosiad cyntaf gyda'r Osaka Symphoniker yn Japan.

Fe'i ganwyd yn Nhonpentre yng Nghwm Rhondda ac mae'n byw ar hyn o bryd yn Llundain. Mae'n briod â Jean a chanddo ddau o blant, Lisa a Geraint.

Gwyn eu byd y rhai pur o galon, canys hwy a welant Dduw.
(Y Gwynfydau, Mathew V)

OWAIN ARWEL HUGHES, Conductor

Owain Arwel Hughes has enjoyed success as associate conductor with the BBC Welsh Symphony and Philharmonia Orchestras. In 1986 he created the Welsh Promenade Concerts in Cardiff which are now established as an annual event. They are famed for their imaginative programming and the commissioning of new music. He was also instrumental in organizing the World Choir Concert held at the Wales National Stadium in 1993.

Owain Arwel conducts regularly all over the world. He is in demand especially in Scandinavia where he has conducted the Helsinki, Oslo, Bergen, Malmo and Gävleborgs Orchestras. He recently worked with the Munich Symphony and the Rotterdam Philharmonic, and in 1992 he made his Japanese debut with the Osaka Symphoniker.

Born in Tonpentre in the Rhondda Valley, he now lives in London. He is married to Jean and has two children, Lisa and Geraint.

Blessed are the pure in heart, for they shall see God.
(The Beatitudes, Matthew V)

Owain Arwel Hughes

JOHN HUMPHRYS, Darlledwr

Ganwyd a chodwyd John Humphrys yn ardal Sblot yng Nghaerdydd a chafodd ei addysg yn Ysgol Uwchradd Caerdydd. Pan ymunodd â'r BBC ef oedd ei ohebydd tramor ieuengaf, yn anfon adroddiadau o Washington a De Affrica. Yn 1980 bu'n ohebydd diplomyddol am flwyddyn. Roedd hefyd yn un o'r darlledwyr 'dau-gyfrwng' cyntaf, fel y gelwid hwy, yn cyflwyno *Today* ar Radio 4 a'r *Nine O'Clock News* ar BBC 1.

Pan gyrhaeddais ei dŷ roedd yn amser cinio ac roedd yn anodd dros ben rhwygo John ymaith o wrando ar y *One O'Clock News*. Cymerais lun ohono pan oedd yn gwylio'r teledu ac yn ateb wn i ddim faint o alwadau ffôn.

Mae'n byw yn Shepherd's Bush ar hyn o bryd, heb fod yn bell o'r BBC, ond mae ganddo fferm yn Nhrelech hefyd. Mae ei hobïau'n cynnwys chwarae'r sielo, ffermio llaeth organig ac 'yfed cwrw da'. Mae ganddo ddau o blant, Christopher a Catherine.

Peidwch gadael i'r cythreulied ych malu chi lawr!

JOHN HUMPHRYS, Broadcaster

Born and brought up in the Splott area of Cardiff, John Humphrys was educated at Cardiff High School. When he joined the BBC he was its youngest foreign correspondent, reporting from Washington and South Africa. In 1980 he became diplomatic correspondent for a year. He was also the first so-called 'bi-media' broadcaster, presenting both *Today* on Radio 4 and the *Nine O'Clock News* on BBC 1.

When I arrived at his house it was lunchtime and it was as much as I could do to tear John away from watching the *One O'Clock News*. I took his picture while he watched the television and dealt with umpteen telephone calls.

Now living in Shepherds Bush, not far from the BBC, he also has a farm in Trelech. His hobbies include playing the cello, organic dairy farming and 'drinking good beer'. He has two children, Christopher and Catherine.

Don't let the buggers grind you down!

DAVID HURN, Ffotograffydd

Ganwyd David Hurn yn Redhill, swydd Surrey ond mynychodd ysgol yng Nghaerdydd ac yna'r Academi Filwrol Frenhinol yn Sandhurst rhwng 1952 a 1954. Dechreuodd dynnu lluniau yn 1955, i ddechrau fel cynorthwydd i Michael Peto ac yna, ac yntau'n un ar hugain, cofnododd y Chwyldro Hwngaraidd. Yn 1965, tra'n gweithio fel gohebydd lluniau ar ei liwt ei hun, daeth David yn aelod o'r asiantaeth ffotograffwyr *élite*, Magnum. Mae wedi gweithio dros y byd i gyd, yn tynnu lluniau newyddion a lluniau nodwedd ar gyfer cylchgronau, ac mae wedi paratoi lluniau llonydd ar gyfer nifer o ffilmiau.

Yn 1971 symudodd David i Dyndyrn, ac ef oedd y ffotograffydd cyntaf i gael grant gan Gyngor y Celfyddydau. Daeth yn bennaeth Ysgol Ffotograffiaeth Ddogfennol a Ffilm yng Ngholeg Addysg Uwch Gwent. Mae ei gyhoeddiadau'n cynnwys *Wales/Black & White: Photographs by David Hurn*. Mae wedi arddangos tua thrigain o weithiau, gan gynnwys sioeau yn y Barbican, Centre Nationale de Photographie Paris, Oriel y Ffotograffwyr, Llundain, Ffotogallery, Caerdydd, ac Amgueddfa Genedlaethol Cymru. Ar hyn o bryd mae'n gweithio ar ei liwt ei hun i gylchgrawn y *Sunday Telegraph*, yr *Independent*, *Life*, *Dezeit*, a *Stern*.

Syllais, syllais, syllais – a dotiais, dotiais, dotiais.

DAVID HURN, Photographer

Born in Redhill, Surrey, David Hurn attended school in Cardiff and then went to the Royal Military Academy in Sandhurst from 1952 to 1954. He began taking pictures in 1955, first as an assistant to Michael Peto and then, at the age of twenty-one, he covered the Hungarian Revolution. In 1965, working as a freelance photojournalist, David became a member of the élite photographers agency, Magnum. He has worked worldwide shooting news and features pictures for magazines and has done stills for many films.

In 1971 David moved to Tintern and was the first photographer to be awarded a grant from the Welsh Arts Council. He became Head of the School of Documentary Photography and Film at Gwent College of Higher Education. His publications include *Wales/Black & White: Photographs by David Hurn*. He has exhibited some sixty times, including shows at The Barbican, Centre Nationale de Photographie Paris, Photographers' Gallery, London, Ffotogallery, Cardiff and The National Museum of Wales. He presently freelances for the *Sunday Telegraph* magazine, the *Independent*, *Life*, *Dezeit* and *Stern*.

I gazed and gazed and gazed – and was amazed, amazed, amazed.

DAFYDD IWAN, Canwr-gyfansoddwr

Mae Dafydd Iwan yn Is-lywydd Plaid Cymru ac yn aelod er anrhydedd o Orsedd y Beirdd, ond mae pobl yn ei adnabod orau fel canwr-gyfansoddwr. Mae wedi cyhoeddi wyth albwm solo, gan gynnwys *Gwinllan a Roddwyd* ac *I'r Gad* a dwy fideo gerdd gyflawn. Am ddeng mlynedd ar hugain mae wedi teithio ar hyd Cymru, Iwerddon, Llydaw, Gogledd America, Fflandrys a'r Ffindir ac mae wedi ymddangos nifer o weithiau gydag Ar Log, The Chieftains a The Dubliners. Mae wedi cael Disg Aur am ei wasanaeth i gerddoriaeth Gymreig.

Dafydd yw cyd-sylfaenydd a rheolwr-gyfarwyddwr prif gwmni recordio Cymru, Sain. Ymhlith ei artistiaid mae Trebor Edwards, Bryn Terfel, Aled Jones, Stuart Burrows a Dennis O'Neill, ynghyd â chorau meibion Pendyrus, Rhos a Llanelli. Mae ei gyhoeddiadau'n cynnwys *Dafydd Iwan* (ei hunangofiant) a chasgliad cyflawn o'i 151 o ganeuon, *Holl Ganeuon Dafydd Iwan*.

Fe'i ganwyd ym Mrynaman ac mae'n byw ar hyn o bryd yng Nghaeathro. Mae'n briod a chanddo bedwar o blant.

Dylai rhywun bob amser gymryd Cymru ychydig yn fwy o ddifrif nag ef ei hun.

DAFYDD IWAN, Singer-composer

Vice-president of Plaid Cymru and an honorary member of the Gorsedd of the Bards, Dafydd Iwan is known best as a singer-composer. He has had eight solo albums, including *Gwinllan a Roddwyd* and *I'r Gad*, and two full-length music videos. For thirty years he has toured live in Wales, Ireland, Brittany, North America, Flanders and Finland, and he has appeared live many times with Ar Log, The Chieftains and The Dubliners. He has been awarded a Gold Disc for his services to Welsh music.

Dafydd is the co-founder and managing director of Wales's leading record company, Sain, whose artists include Trebor Edwards, Bryn Terfel, Aled Jones, Stuart Burrows and Dennis O'Neill, together with the Pendyrus, Rhos and Llanelli male voice choirs. His publications include *Dafydd Iwan* (his autobiography) and a full collection of his 151 songs, *Holl Ganeuon Dafydd Iwan*.

Born in Brynaman, he now lives in Caeathro. He is married with four children.

One should always take Wales a bit more seriously than one takes oneself.

COLIN JACKSON, Athletwr

Gellir dadlau mai Colin Jackson yw'r athletwr gorau i Gymru ei gynhyrchu erioed. Mae'n un o brif redwyr y byd dros y clwydi 110 metr ac mae wedi torri nid llai na deuddeg record Ewropeaidd, y Gymanwlad a'r TU. Enillodd fedal aur y Gymanwlad i Gymru yn 1990, ac aur yn y Campwriaethau Ewropeaidd a medal arian yn y gêmau Olympaidd yn Seoul yn 1988. Yn Awst 1993 enillodd fedal aur a thorri'r record yn y ras 110mh yng Nghampwriaethau'r Byd, Stuttgart.

Fe'i ganwyd yng Nghaerdydd ac mae ganddo gynheddfau corfforol a seicolegol sy'n angenrheidiol i athletydd o safon byd, ac eto mae'n berson sy'n denu ansoddeiriau fel 'yn gadarn ar y ddaear,' ac 'yn gwenu bob amser' ac 'yn ysbrydoliaeth'. Pan oedd yn blentyn roedd yn dda mewn nifer o wahanol gampau, yn dal record yr ysgol am y waywffon, y naid hir a'r naid uchel, yn ogystal â bod yn ardderchog mewn criced. Dywed iddo benderfynu ar fynd dros y clwydi am fod hynny'n 'hawdd'.

Ar ôl gadael Clwb Athletaidd Caerdydd yn 1992 mae nawr yn cystadlu dros Glwb Athletaidd Aberhonddu. Ar ei ymddangosiad cyntaf dros Aberhonddu ym Mai 1993 gosododd record newydd i'r dynion yn y rasys clwydi dros 100 a 110 metr. Ei orau personol yw 60mh mewn 7.41 o eiliadau a 110mh mewn 13.04 o eiliadau.

Rhowch y cwbwl yn y cwbwl a wnewch.

COLIN JACKSON, Athlete

Colin Jackson is arguably the greatest athlete Wales has ever produced. He is one of the leading 110 metre hurdlers in the world and has broken twelve European, Commonwealth and UK records. He won a Commonwealth gold for Wales in 1990, a gold at the 1990 European championships and a silver at the 1988 Seoul Olympics. In August 1993 he won a record-breaking gold in the 110mh in the World Athletics Championships in Stuttgart.

Born in Cardiff, Colin possesses the physical qualities and psychological make-up that world-class athletics demands, and yet is still a man who attracts descriptions like 'down to earth', 'forever smiling' and 'an inspiration'. As a boy he was a gifted all-rounder, holding schools records for javelin, long jump and high jump, as well as excelling at cricket. He says he decided on hurdling because it was 'easy'.

After leaving Cardiff Athletic Club in 1992, he now competes for Brecon Athletic Club. On his first appearance for Brecon in May 1993 he set the new Welsh men's league records in both 100 and 110 metres hurdles. His personal best is 60mh in 7.41 seconds and 110mh in 13.04 seconds.

Give your all in all you do.

ALWYN RICE JONES, Archesgob Cymru

Addysgwyd Alwyn Rice Jones, Archesgob Cymru, yn Ysgol Ramadeg Llanrwst, Coleg Prifysgol Dewi Sant, Llanbedr Pont Steffan a Choleg Fitzwilliam, Caer-grawnt, lle roedd yn ysgolor Cymreig. Mae wedi ennill graddau BA ac MA. Fe'i hordeiniwyd yn Neoniaeth Bangor a daeth yn ddiacon yn 1958 ac yn offeiriad yn 1959. Mae bob amser wedi cymryd rhan mewn gwaith ieuenctid ac addysg, a bu'n ysgrifennydd Mudiad Cristnogol Myfyrwyr Colegau Cymru ym Mangor, yn Gyfarwyddwr Addysg y Ddeoniaeth, ac yn Gaplan Ieuenctid y Ddeoniaeth. Bu hefyd yn diwtor cynorthwyol mewn Addysg Grefyddol yng Ngholeg Prifysgol Cymru, Bangor.

Yn 1975 daeth Alwyn yn Ganon er anrhydedd yng Nghadeirlan Bangor ac yn ficer Porthmadog; yna'n Ddeon Aberhonddu a ficer Eglwys y Santes Fair ynghyd â Battle rhwng 1979 a 1982. Bu'n Esgob Llanelwy er 1982 ac fe'i hetholwyd yn Archesgob yn 1991. Mae wedi bod yn aelod o Banel Ymgynghorol Crefyddol yr IBA ac yn 1987 roedd yn gadeirydd Panel Ymgynghorol S4C. Fe'i gwnaed yn Gymrawd Coleg y Drindod, Caerfyrddin yn 1993. Fe'i ganwyd yng Nghapel Curig ac mae'n byw ar hyn o bryd yn Esgopty, Llanelwy.

ALWYN RICE JONES, Archbishop of Wales

Alwyn Rice Jones, Archbishop of Wales, was educated at Llanrwst Grammar School, St David's University College, Lampeter, and Fitzwilliam College, Cambridge, where he was a Welsh church scholar gaining a BA and an MA. He was ordained in the Diocese of Bangor, becoming a deacon in 1958 and a priest in 1959. He has always been involved in youth work and education, and has been secretary to the Student Christian Movement Colleges of Wales, Bangor Diocesan Director of Education, Diocesan Youth Chaplain and assistant tutor in Religious Education at the University of Wales, Bangor.

In 1975 Alwyn became honorary Canon at Bangor Cathedral and vicar of Porthmadog, then Dean of Brecon and vicar of St Mary's with Battle between 1979 and 1982. A Bishop of St Asaph since 1982, he was elected Archbishop of Wales in 1991. He has been a member of the Religious Advisory Panel of the IBA and in 1987 was chairman of the Religious Advisory Panel of S4C. He was made a Fellow of Trinity College, Carmarthen, in 1993. Born in Capel Curig, he now lives in Esgobty, St Asaph.

+ Alwyn Cambrensis.

JONAH JONES, Cerflunydd

Ganwyd Jonah Jones yn swydd Durham i dad o Gymro a mam o swydd Efrog. Mae ei gysylltiad â Chymru, trwy ei fywyd a'i waith, yn rhychwantu deugain mlynedd, y rhan fwyaf ohonynt yn ymyl Porthmadog. Er pan oedd yn bump oed, ei ddymuniad oedd bod yn artist. Enillodd Wobr Goffa Will Jackson am Gelfyddyd pan oedd yn un ar bymtheg ond ni allai fynd i'r ysgol gelf leol oherwydd prinder arian. Pan oedd yn gwasanaethu yn y 224 Parachute Field Ambulance & Educational Corps (1940-6) cyfarfu â'r arlunydd John Petts a fu'n gatalyst i Jonah weithio fel artist.

Fe'i hyfforddwyd yng ngweithdai Eric Gill. Ar y pryd roedd yn gweithio ym Mhentrefelin ger Cricieth a dechreuodd arbrofi mewn gwneud cerfddelwau o garreg. Ei syniad oedd cael crefft y gallai ei 'defnyddio a'i chymhwyso yn y gymdeithas'. Roedd ganddo i fyny at chwe chynorthwydd ar un adeg a gallai ymgymryd â nifer o weithiau comisiwn o'i weithdai yng ngogledd Cymru. Cynhwysai hyn waith ar gyfer cerfddelwau. Mae dau o'i weithiau cerfiedig o flaen yr Amgueddfa Genedlaethol ac Abaty Westminster. Mae Jonah Jones wedi gweithredu ar amryw o banelau i Gyngor y Celfyddydau ac mae'n gadeirydd y Pwyllgor Crefft.

Pan na bom mwyach yn blant, rydym ymron yn feirw. (Brancusi)

JONAH JONES, Sculptor

Born in County Durham to a Welsh father and a Yorkshire mother, Jonah Jones's association with Wales – both living and working – spans over forty years, most of it spent near Porthmadog. Since the age of five he had wanted to be an artist. He won the Will Jackson Memorial prize for Art at the age of sixteen, but a lack of finance prevented his entry to the local art school. It was while he served in the 224 Parachute Field Ambulance & Educational Corps (1940–6) that he met the artist John Petts, who was a catalyst for Jonah working as an artist.

Trained at the Eric Gill workshops and then living in Pentrefelin near Criccieth, Jonah began experimenting in making stone sculptures. His idea was to have a craft that he 'could use and apply in society'. At one time employing as many as six assistants, he was able to undertake many public commissions from his North Wales workshops. These included work for sculptures. Two of his carved figures are on the front of the National Museum of Wales and Westminster Abbey. Jonah Jones has served on various panels for the Welsh Arts Council and is chairman of the Craft Committee.

When we are no longer children, we are nearly dead. (Brancusi)

Jonah Jones

TERRY JONES, Ysgrifennwr a chyfarwyddwr

Dechreuodd gyrfa broffesiynol Terry Jones fel ysgrifennwr sgriptiau gyda Michael Palin. Ysgrifennai ddeunydd i, ymhlith eraill, Ken Dodd, y ddau Ronnie, Marty Feldman a Kathy Kirby. Yn ddiweddarach buont yn cydweithredu ar y gyfres *Ripping Yarns* i BBC2. Wrth gwrs, bydd pawb yn cofio am Terry fel un o'r Peithoniaid. Rhedodd *Monty Python's Flying Circus* o 1969 hyd 1974 a rhoddodd fod i nifer o recordiau a ffilmiau, gan gynnwys *Monty Python and the Holy Grail* a'r gwaith dadleuol, *Life of Brian*. Dyma'i gynnig cyntaf ar gyfarwyddo. Er hynny mae wedi mynd ymlaen i gyfarwyddo *The Meaning of Life* a *Personal Services*, gyda Julie Walters yn seren, yn ogystal ag ysgrifennu drama'r sgrîn i *Erik the Viking*, ac ymddangos yn y gwaith.

Yn ogystal ag ysgrifennu llyfrau i blant, wyth hyd yma, mae Terry hefyd yn ysgolhaig hanes cynnar ac yn awdur gwaith safonol ar Chaucer.

Fe'i ganwyd ym Mae Colwyn a chafodd ei addysg yn The Royal Grammar School, Guildford a St Edmund Hall, Rhydychen. Mae'n byw ar hyn o bryd yn Camberwell, Llundain, ac mae'n briod â'r gwyddonydd Dr Alison Telfer. Eiddo'i wraig yw'r ci bychan yn y llun.

Os na fedri ei fwyta, ei yfed, ei garu neu chwerthin am ei ben, cysga arno.

TERRY JONES, Writer and director

Terry Jones's professional career began as a scriptwriter with Michael Palin, writing material for, among others, Ken Dodd, The Two Ronnies, Marty Feldman and Kathy Kirby. Later they collaborated again on the *Ripping Yarns* series for BBC 2. Of course, Terry will always be best remembered as one of the Pythons. *Monty Python's Flying Circus* ran from 1969 to 1974 and spawned numerous records and films, including *Monty Python and the Holy Grail*, and the controversial *Life of Brian*, which was also his directorial debut. Since then he has gone on to direct *The Meaning of Life* and *Personal Services*, starring Julie Walters, as well as writing the screenplay for, and appearing in, *Erik The Viking*.

As well as writing childrens' books – eight so far – Terry is also a medieval scholar and author of a serious work on Chaucer.

Born in Colwyn Bay, he was educated at The Royal Grammar School, Guildford, and St Edmund Hall, Oxford. He now lives in Camberwell, London, and is married to scientist Dr Alison Telfer. The little dog in the picture, Mitch, belongs to his wife.

If you can't eat it, drink it, love it or laugh at it – sleep on it.

Terry Jones.

Neil a Glenys Kinnock, Gwleidydd ac athrawes

Bu'r Gwir Anrhydeddus Neil Gordon Kinnock yn arweinydd y Blaid Lafur rhwng 1983 a 1992. Mae wedi bod yn AS dros Islwyn er 1983. Ei etholaeth gyntaf oedd Bedwellte (1970–83). Mae'n fab i weithiwr a nyrs ac fe'i haddysgwyd yn Ysgol Lewis, Pengam a Phrifysgol Cymru Coleg Caerdydd lle yr enillodd radd BA mewn Cysylltiadau Diwydiannol a Hanes. Tra yn y brifysgol roedd yn gadeirydd Cymdeithas y Sosialwyr. Mae'n aelod o Bwyllgor Gweithredol Cenedlaethol y Blaid Lafur (bu'n gadeirydd iddo yn 1987–8) a'r Socialist Educational Association.

Ganwyd Glenys Kinnock yng Nghaergybi ac fel ei gŵr mae wedi bod yn gysylltiedig â'r Blaid Lafur trwy ei hoes. Mynychodd Brifysgol Cymru, Coleg Caerdydd lle y cyfarfu â Neil ac mae wedi gweithio fel athrawes yn Ealing am chwarter canrif. Cafodd ei dewis yn ddiweddar i fod yn ddarpar Ewro-AS dros etholaeth y de-ddwyrain. Mae gan Neil a Glenys gartrefi ym Mhontllan-fraith a Llundain.

Ddoe ni ddaw yn ôl.

Ac ystyried pa mor beryglus yw popeth, does dim o ddifrif yn frawychus. (Gertrude Stein)

Neil and Glenys Kinnock, Politician and schoolteacher

Leader of the Labour party between 1983 and 1992, the Rt Hon. Neil Gordon Kinnock has been MP for Islwyn since 1983. His first constituency was Bedwellty (1970–83). Son of a labourer and a nurse, Neil was educated at Lewis School, Pengam, and at the University of Wales College of Cardiff, where he gained a BA in Industrial Relations and History. While at university he was chairman of the Socialist Society. He is a member of the National Executive Committee of the Labour Party (having been its chairman in 1987–8) and the Socialist Educational Association.

Glenys Kinnock was born in Holyhead and, like her husband, has had a lifelong involvement in the Labour Party. She attended the University of Wales College of Cardiff where she met Neil and has worked as a schoolteacher in Ealing for twenty-five years. She was recently selected as Labour's prospective Euro-MP for the south-east Wales constituency. Neil and Glenys have homes in Pontllan-fraith in Gwent and London.

Yesterday never returns.

Considering how dangerous everything is, nothing is really very frightening. (Gertrude Stein)

Neil Kinnock   Glenys Kinnock

Yr Athro Bernard Knight, Patholegydd

Mae patholegydd y Swyddfa Gartref, yr Athro Bernard Knight yn awdur hefyd. Mae wedi ysgrifennu wyth llyfr testunol gan gynnwys *Lawyer's Guide to Forensic Medicine* a *Coroner's Autopsy*. Fel nofelydd trosedd, ni fu erioed yn dioddef oherwydd prinder deunydd; mae hefyd wedi ysgrifennu dwy nofel hanesyddol am Gymru yn y ddeuddegfed ganrif.

Fe'i haddysgwyd yng Ngholeg Illtud Sant, Caerdydd ac enillodd radd feddygol yng Ngholeg Meddygaeth Cenedlaethol Cymru. Mae hefyd yn fargyfreithiwr o Gray's Inn. Yn ystod yr argyfwng ym Malaya (1959–62) gwasanaethodd gyda'r RAMC fel arbenigwr mewn patholeg. Mae wedi darlithio ar feddygaeth fforensig a phatholeg fforensig ym mhrifysgolion Llundain a Newcastle. Daeth i'r Ysbyty Brenhinol, Caerdydd yn 1948 yn dechnegydd labordy ac fe'i hapwyntiwyd yn athro patholeg fforensig yno yn 1980.

Ef yw cyfarwyddwr Sefydliad Meddygaeth Fforensig Cymru ac mae hefyd yn is-lywydd yr International Academy of Legal Medicine ac yn Aelod dros Gymru o'r Cyngor Meddygol Cyffredinol. Dyfarnwyd iddo'r CBE ym Mehefin 1993.

Os na fedri odde'r gwres, allan o'r gegin â thi. (Harry S. Truman)

Professor Bernard Knight, Pathologist

Home Office pathologist Professor Bernard Knight is also an author. He has written eight textbooks including *Lawyer's Guide to Forensic Medicine* and *Coroner's Autopsy*. As a crime novelist he has not been short of material and he has also written two historical novels about twelfth-century Wales.

Educated at St Illtyd's College, Cardiff, Bernard gained a medical degree from the Welsh National School of Medicine and is also a barrister of Gray's Inn. During the emergency in Malaya (1959–62) he served in the RAMC as a specialist in pathology. He has lectured in forensic medicine and forensic pathology at the University of London and the University of Newcastle. He came to the Cardiff Royal Infirmary in 1948 as a laboratory technician and was appointed professor of forensic pathology there in 1980.

Director of the Wales Institute of Forensic Medicine, he is also vice-president of the International Academy of Legal Medicine and a Member for Wales on the General Medical Council. He was awarded a CBE in June 1993.

If you can't stand the heat, get out of the kitchen. (Harry S. Truman)

Bernard Knight

PHILIP MADOC, Actor

Roedd Philip Madoc ar fin mynd ar y llwyfan i chwarae'r Dug yn *Measure for Measure* pan gymerais y llun hwn yn ei ystafell wisgo yn theatr y Royal Shakespeare, Stratford-upon-Avon. Roeddwn am osgoi'r llun cyfarwydd o ben actor sy'n hawlio'r ffrâm ac yn gwerthu'r wyneb, felly gofynnais iddo adrodd llinellau wrth y drych.

Fe'i ganwyd ym Merthyr Tudful ac fe'i haddysgwyd yn Ysgol Ramadeg Cyfarthfa a Phrifysgol Cymru Coleg Caerdydd lle y darllenodd Almaeneg, Ffrangeg a'r Clasuron. Ei waith cyntaf oedd lladmerydd yn Wien yn 1955 a oedd ym meddiant y gelyn ar y pryd. Fel actor, mae wedi chwarae pawb o Lloyd George a Trotsky i Indiad Mohicaidd, a hyd yn oed gapten U-fad Natsïaidd yn *Dad's Army*. Ei brosiect diweddaraf, sy'n cael ei ffilmio'n Gymraeg ac yn Saesneg, yw drama dditectif gyffrous sy'n seiliedig ar gymeriad gan Noel Bain. Mae Philip wedi ei chwarae'n barod ar S4C. Mae'n briod a chanddo ddau o blant. Pan all wneud hynny, mae'n hoffi trecian yn yr Himalaya.

Os nad yw dyn yn cyd-gerdded â'i gymdeithion, efallai'i fod yn clywed drymiwr gwahanol. Boed iddo gamu i'r gerddoriaeth a glyw, pa mor fesuredig neu pa mor bell bynnag y bo.

PHILIP MADOC, Actor

Philip Madoc was about to go on stage as the Duke in *Measure for Measure* when I took this picture in his dressing room at the Royal Shakespeare Theatre, Stratford-upon-Avon. I wanted to avoid the typical actor's headshot that commands the frame and sells the face, so I asked him to recite lines into the mirror.

Born in Merthyr, Philip was educated at Cyfarthfa Grammar School and then at the University of Wales College of Cardiff where he read German, French and Classics. His first career was as an interpreter in what was in 1955 still occupied Vienna. As an actor he has played everyone from Lloyd George and Trotsky to a Mohican Indian, and even a Nazi U-boat captain in *Dad's Army*. His latest project, which is being filmed in both Welsh and English, is a detective thriller based on the Noel Bain character, whom Philip has already played on S4C. Philip is married and has two children. When he can he enjoys trekking in the Himalayas.

If a man does not keep pace with his companions, perhaps it is because he hears a different drummer. Let him step to the music he hears, however measured or far away.

SIÂN PHILLIPS, Actores

Mae Siân Phillips yn actores nodedig ar deledu, llwyfan a sgrîn ac mae wedi ennill dau ddyfarniad BAFTA am ei rhannau yn *I, Claudius* a *How Green Was My Valley*. Cychwynnodd ar ei gyrfa fel darllenydd newyddion a chyflwynydd gyda BBC Cymru yn 1955.

Cwrddais â hi yng Nghaerdydd lle roedd yn ffilmio drama. Perswadiais hi i eistedd yn ei gŵn wisgo à la Marlene Dietrich ar gyfer y llun. Gan i mi gael fy mrawychu gan ei pherfformiad fel y ddihirwraig ddieflig Livia yn *I, Claudius* (lle mae'n trefnu i'w gŵr ei hun gael ei wenwyno), rown i'n falch gweld pa mor gynnes, llawn o fywyd a chwerthinog yr oedd.

Fe'i ganwyd yn fferm Tŷ Mawr, Betws, ac fe'i haddysgwyd yn Ysgol Ramadeg Pontardawe, Prifysgol Cymru Coleg Caerdydd a RADA. Ganwyd dwy ferch iddi o'i phriodas gyntaf â Peter O'Toole. Mae wedi ysgrifennu erthyglau i *Vogue*, *Cosmopolitan* a'r *Radio Times* a hefyd lyfr ar waith blaen nodwydd. Mae'n gymrawd er anrhydedd Prifysgol Cymru Coleg Caerdydd a Phrifysgol Morgannwg.

A fo ben bid bont.

SIÂN PHILLIPS, Actress

A distinguished actress on television, stage and screen, and the winner of two BAFTA awards for her roles in *I, Claudius* and *How Green Was My Valley*, Siân Phillips began her career as a BBC Wales newsreader and announcer in 1955.

I met her in Cardiff while she was filming a drama. I persuaded her to sit in her dressing-gown à la Marlene Dietrich for the photograph. Having been terrified by her performance as the scheming villainess Livia in *I, Claudius* (in which she has her own husband poisoned), I was relieved to find her warm and energetic with a resonant laugh.

Born at Tŷ Mawr Farm, Betws, Siân was educated at Pontardawe Grammar School, the University of Wales College of Cardiff and RADA. From her first marriage to Peter O'Toole she has two daughters. She has written articles for *Vogue*, *Cosmopolitan* and *Radio Times*, and also a book on needlepoint. She is an honorary fellow of the University of Wales College of Cardiff and the University of Glamorgan.

He who would be a leader must be a bridge.

Siân Phillips

NICKY PIPER, Bocsiwr

Hwyrach mai Nicky Piper yw'r bocsiwr a chanddo'r ymennydd gorau a fu erioed. Mae'n aelod o MENSA ar radd CD o 153. Er iddo fethu â chymryd teitl Uwch-bwysau Canol Byd y WBC oddi wrth Nigel Benn yn Rhagfyr 1992, roedd cyn hynny wedi ennill un ar bymtheg o weithiau mewn deunaw gornest. Mae'n dal record Prydain am daro allan mewn prin ddeuddeg eiliad!

Collodd Nicky bum gwaith yn unig mewn hanner cant a chwech o ornestau yn ei yrfa fel amatur a throdd yn broffesiynol yn 1989. Mae wedi bocsio dros Gymru bump ar hugain o weithiau, gan ennill dwy ar hugain o'r gornestau. Yn 1989 enillodd deitl Pwysau Ysgafndrwm yr ABA a'r teitl Penta-continental. Fe'i cadwodd trwy guro Chris Sande o Kenya yn Abertawe yn Ebrill 1993.

Ganwyd Nicky yng Nghroes Cwrlwys, Caerdydd ac mae'n dal i fyw yno. Golff, snwcer a bridio adar yw ei weithgareddau amser hamdden. Mae'n bridio ac yn dangos caneris. Priododd â'i hyfforddydd aerobig, Debbie Blake yn St Lucia yn haf 1993.

Edrych ar yr ochr olau bob tro – dydy gofidio ddim yn werth y drafferth.

NICKY PIPER, Boxer

Probably the brainiest boxer of all time, Nicky Piper is a member of MENSA with an IQ rating of 153. Although he failed to relieve Nigel Benn of his WBC World Super-middleweight title in December 1992, he has previously achieved sixteen wins out of eighteen professional matches. He holds a British record for a knockout in just twelve seconds!

Nicky lost only five times in a fifty-six fight amateur career and turned professional in 1989. He has boxed for Wales twenty-five times, winning twenty-two of the matches. In 1989 he won the ABA Light-heavyweight title and a Penta-continental title, which he retained by beating Chris Sande of Kenya in Swansea in April 1993.

Nicky was born and still lives in Culverhouse Cross, Cardiff, and his leisure activities are golf, snooker and aviculture: he breeds and shows canaries. He married his aerobics instructor, Debbie Blake, in St Lucia in the summer of 1993.

Always look on the bright side – worrying simply isn't worth it.

SYR WYN ROBERTS, Gwleidydd

Mae Syr Wyn Roberts yn fab i ŵr parchedig ac fe'i haddysgwyd yn Harrow a Rhydychen. Fe'i hetholwyd yn AS dros Gonwy yn 1970. Mae'n Weinidog Gwladol yn y Swyddfa Gymreig ac ef yw'r gweinidog Ceidwadol sydd wedi gwasanaethu dros y cyfnod hwyaf yn yr un adran o'r llywodraeth bresennol. Fe'i penodwyd yn 1979.

Dechreuodd Syr Wyn ar ei yrfa fel newyddiadurwr gyda'r *Liverpool Post*; yna bu'n gynorthwydd newyddion gyda'r BBC. Bu wedyn yn rheolwr a chynhyrchydd gweithredol gyda TWW ac yn weithredwr rhaglenni gyda Theledu Harlech. Mae'n enwog fel arbenigwr ar gelf a diwylliant; mae'n aelod o Orsedd y Beirdd yn ogystal â bod ar Lys Llywodraethwyr yr Amgueddfa Genedlaethol a'r Llyfrgell Genedlaethol.

Mae'n briod ag Enid Grace ac mae ganddo dri o fechgyn. Fe'i ganwyd ym Môn ac mae'n byw ar hyn o bryd yn Nyffryn Conwy. Ei hobïau yw cadw dyddlyfr, barddoniaeth Gymraeg fodern, darllen, ysgrifennu, saethu, pysgota a thyfu planhigion a blodau.

Rhoi ein gwasanaeth i'n gwlad a'n cyd-ddyn yn ffordd newydd yr ysbryd.

SIR WYN ROBERTS, Politician

The son of a reverend, Sir Wyn Roberts was educated at Harrow and Oxford and was elected MP for Conwy in 1970. As Minister of State of the Welsh Office, he is the longest-serving Conservative minister in the same department of the present government, having been appointed in 1979.

Sir Wyn began his career as a journalist for the *Liverpool Post*, then became a news assistant with the BBC. He was later Welsh controller and executive producer for TWW and a programme executive for Harlech TV. Renowned as a connoisseur of art and culture, he is a member of *The Gorsedd*, as well as the Court of Governors of the National Museum of Wales and the National Library of Wales.

Sir Wyn is married to Enid Grace and has three sons. Born in Anglesey, he now lives in the Conwy Valley. His hobbies are keeping a diary, modern Welsh poetry, reading, writing, shooting, fishing, and growing plants and flowers.

To serve with a newness of spirit one's country and mankind.

BERNICE RUBENS, Awdur

Awdur a chyfarwyddwraig ffilmiau yw Bernice Rubens. Fe'i ganwyd yng Nghaerdydd. Enillodd radd BA mewn Saesneg ym Mhrifysgol Cymru Coleg Caerdydd a daeth yn gymrawd yn 1982. Enillodd radd DLitt er anrhydedd yn 1991. Bu'n athrawes am bum mlynedd ond yna troes ei llaw at wneud ffilmiau dogfennol. Enillodd yr American Blue Ribbon Award am *Stress* yn 1968.

Efallai ei bod yn enwocach fel nofelydd. Cynhwysa'i gwaith *Madame Sousatska*, y gwnaed ffilm nodwedd ohoni, enillydd Gwobr Booker yn 1970, *The Elected Member*, *Mr Wakefield's Crusade* a deledwyd yn 1992, *I Sent a Letter To My Love*, ac yn fwyaf diweddar, *Mother Russia*.

Pan dynnais lun ohoni dywedodd i rai wneud hynny lawer gwaith yn ei fflat, ond byth yn ymyl y ddelw *pâpier maché* anferth a wnaed gan ei merch. Teimlais y byddai'n addas hefyd gynnwys y delyn a safai yn ei hystafell wely. Oherwydd bod Bernice mor fychan, gofynnais iddi sefyll ar bentwr o lyfrau. Gwenodd a dweud yn dawel, 'Well, I suppose books are useful for something, after all.'

Sois sage, o ma douleur. Et tiens-toi plus tranquille.

BERNICE RUBENS, Writer

Bernice Rubens, writer and director of documentary films, was born in Cardiff. She gained a BA in English from the University of Wales College of Cardiff, becoming a fellow in 1982 and gaining an Hon. DLitt in 1991. For five years she was a teacher, but then turned to making documentary films. She won the American Blue Ribbon Award in 1968 for *Stress*.

Probably best known as a novelist, Bernice's works include *Madame Sousatzka*, which was made into a feature film, the 1970 Booker Prize winner, *The Elected Member*, *Mr Wakefield's Crusade*, which was televised in 1992, *I Sent A Letter To My Love* and, most recently, *Mother Russia*.

When I took her picture she said she had been photographed many times in her flat, but never next to the huge pâpier maché sculpture made by her daughter. I felt it apt to include the harp that stood in her bedroom. Bernice is tiny, so I got her to stand on a pile of books. She smiled and said quietly, 'Well, I suppose books are useful for something, after all.'

Sois sage, o ma douleur. Et tiens-toi plus tranquille.

IAN RUSH, Pêl-droediwr

Mae Ian Rush yn un o ddeg o blant. Fe'i ganwyd yn Llanelwy a phan oedd yn blentyn cefnogai Everton. Mae wedi chwarae pêl-droed i Gymru ar bob lefel, o blentyn ysgol hyd at fod yn aelod cyflawn o'r sgwad ryngwladol. Chwaraeodd ei gêm gyntaf i Gymru yn erbyn yr Alban ar 2 Mai 1980 ac mae wedi ennill hanner cant ac un o gapiau.

Treuliodd ei dymor cyntaf yn Lerpwl gyda'r eilyddion ond roedd yn y tîm cyntaf yn 1981 a gorffennodd y tymor wedi sgorio mwy o goliau nag unrhyw chwaraewr arall. Dywedodd Bob Paisley, rheolwr Liverpool, wrtho am fod yn fwy hunanol. Bu felly, a sgoriodd ddeg gôl ar hugain yn ystod y tymor dilynol. Yn 1987 gadawodd Lerpwl i chwarae gyda'r tîm Eidalaidd, Juventus am ffi drosglwyddo o £3.2 miliwn, oedd yn record. Dychwelodd i Anfield flwyddyn y ddiweddarach.

Ar hyn o bryd, ef sy'n dal y record am sgorio'r nifer mwyaf o goliau i'r clwb, ac yn 1993 gosododd record newydd sgorio'r nifer mwyaf o goliau dros Gymru pan drechodd y tair gôl ar hugain blaenorol a sgoriwyd gan Trefor Ford ac Ivor Allchurch. Mae ei gyflymder, ei reolaeth a'i synnwyr lleoli, ynghyd â gallu rhyfeddol i orffen, yn ei wneud yn streiciwr i'w ofni.

Chwaraea'n galed a chwaraea'n deg.

IAN RUSH, Footballer

One of ten children, Ian Rush was born in St Asaph and as a lad supported Everton. He has played football for Wales at every level from schoolboy through to being a full member of the international squad. His debut for Wales was against Scotland on 2 May 1980 and he has been capped fifty-one times.

He spent his first season at Liverpool in the reserves and made the first team in 1981, finishing the season as leading goal-scorer. Bob Paisley, the Liverpool manager, told him to be more selfish, which resulted in his scoring thirty goals in the following season. In 1987 Ian left Liverpool for the Italian team Juventus for a record British transfer fee of £3.2 million, only to return to Anfield a year later.

Now holding Liverpool's all-time goal-scoring record, in 1993 he also set a new Welsh goal-scoring record of any one player by beating the previous twenty-three goals scored by Trevor Ford and Ivor Allchurch. His speed, control and positional awareness, allied to a remarkable finishing ability, make him a formidable striker.

Play hard and play fair.

Ian Rush

ARGLWYDD SNOWDON, Ffotograffydd

Ganwyd Antony Charles Robert Armstrong-Jones, Arglwydd Snowdon, yn Llundain. Mae pobl yn ei adnabod orau fel ffotograffydd a chyn-ŵr EMB y Dywysoges Margaret. Mae nawr wedi ailbriodi ac mae ganddo dri o blant.

Mae Arglwydd Snowdon wedi cynhyrchu un llyfr ar ddeg o ffotograffau ymhlith ei aseiniadau golygu a gwneud portreadau, ac mae wedi gwneud nifer o ffilmiau teledu a dogfennol, gan gynnwys *Don't Count the Candles* i CBS. Mae hefyd yn gweithredu fel cynghorydd artistig i gylchgrawn y *Telegraph Weekend* a *Vogue* Prydain. Er 1963, mae Arglwydd Snowdon wedi bod yn Gwnstabl Castell Caernarfon ac yn ei waith fel dylunydd gweithiodd ar arwisgiad Tywysog Cymru yn 1969. Mae hefyd wedi dylunio dwy gadair symudol ar gyfer yr anabl.

Byddai cael sesiwn dynnu lluniau gyda ffotograffydd o fri'n gwneud unrhyw un yn nerfus ond tawelodd fy meddwl ar unwaith gan ddweud, 'You're in charge, now what do you want me to do?' Er bod ganddo stiwdio olau wrth law, dewisais dynnu'r llun hwn ohono yn ei ardd neilltuedig dan gwrlid o iorwg.

LORD SNOWDON, Photographer

Antony Charles Robert Armstrong-Jones, Lord Snowdon, was born in London. He is best known as a photographer and as the former husband of HRH The Princess Margaret. He is now remarried and has three children.

Lord Snowdon has produced eleven books of photographs among his editorial and portrait assignments, and has made numerous television documentaries and films, including *Don't Count the Candles* for CBS. He also acts as artistic adviser to the *Telegraph Weekend* magazine and British *Vogue*. Since 1963 Lord Snowdon has been Constable of Caernarfon Castle, and in a design capacity he worked on the investiture of the Prince of Wales in 1969. He has also designed two mobile chairs for the disabled.

Having a photo session with a famous photographer would make anyone nervous, but he quickly put me at ease saying, 'You're in charge, now what do you want me to do?' Although he has an available light studio, I chose to take his picture in his secluded, ivy-clad garden.

Snowdon

VICTOR SPINETTI, Actor

Efallai bod pobl yn adnabod Victor Spinetti orau am ei ymddangosiadau gyda'r Beatles yn *A Hard Day's Night*, *Help*, a *The Magical Mystery Tour*. Gweithiodd gydag Elizabeth Taylor a Richard Burton yn *The Taming of the Shrew* ac *Under Milk Wood* ac yn fwy diweddar recordiodd fersiwn newydd o'r olaf gyda Syr Anthony Hopkins. Mae wedi cyfarwyddo *In His Own Write* yn y Theatr Frenhinol Genedlaethol, drama a sgrifennwyd ganddo ef a John Lennon ar y cyd.

Ar ôl ymddangos i ddechrau yn *Expresso Bongo* a *Candide* yn y West End, treuliodd Victor chwe blynedd yng Ngweithdy Theatr Joan Littlewood. Yn New York enillodd Tony ar Broadway am ei berfformiad yn *Oh! What a Lovely War*. Mae ei deithiau theatr yn cynnwys *The Pirates of Penzance, Oliver!* (yn chwarae rhan Fagin) a *Peter Pan* (yn chwarae rhan Hook). Mae wedi ymddangos mewn sawl cyfres deledu gan gynnwys dramâu Judith Krantz *Mistral's Daughter* a *Secrets*.

Fe'i hyfforddwyd yng Ngholeg Cerdd a Drama Cymru ac fe'i gwnaed y gymrawd yn 1992. Fe'i ganwyd yng Ngwm, De Cymru. Does ganddo ddim teulu ac mae ei gartref ar hyn o bryd yn Brighton, Sussex.

Mae gwreiddiau Celtaidd Cymro wedi'u corffori mewn barddoniaeth, cerdd a dawns.

VICTOR SPINETTI, Actor

Victor Spinetti is probably best known for his film appearances with The Beatles in *A Hard Day's Night*, *Help* and *The Magical Mystery Tour*. He worked with Elizabeth Taylor and Richard Burton in *The Taming of the Shrew* and *Under Milk Wood*, and more recently he recorded a new version of the latter with Sir Anthony Hopkins. He directed *In His Own Write* at the Royal National Theatre, a play that he co-wrote with John Lennon.

After first appearing in the West End in *Expresso Bongo* and *Candide*, Victor spent six years with Joan Littlewood's Theatre Workshop. In New York he won a Tony on Broadway for his performance in *Oh! What a Lovely War*. His theatre tours include *The Pirates of Penzance, Oliver!* (in the role of Fagin) and *Peter Pan* (in which he played Hook). He has appeared in several television series including the Judith Krantz dramas *Mistral's Daughter* and *Secrets*.

Victor was trained at the Welsh College of Music and Drama and was made a fellow in 1992. Born in Cwm, South Wales, he has no family and his home is now in Brighton, Sussex.

A Welshman's Celtic roots are embodied in poetry, music and dancing.

DAVID SULLIVAN, Cyhoeddwr

Mae carped du o wal i wal yn Nhŷ David Sullivan, ynghyd â chrôm sgleiniog a swît stribedi-sebra dralon. Dangosai rhes o ffenestri a estynnai i'r llawr bwll nofio dan do ond ni welais yr un fodel hudolus yn unman. Mae ei gartref ym mhentref Theydon Bois yn swydd Essex. Dywed nad yw byth yn mynd i unrhyw un o'i swyddfeydd; yn hytrach gweithia o'i gartref yn lle hynny am fod teithio'n pwyso arno. Fodd bynnag, mae wrth ei fodd yn ei ddisgrifio'i hun fel un sydd wedi meddwi ar waith a hyd yn ddiweddar ni chymerai fwy na phum niwrnod o wyliau'r flwyddyn.

Cafodd ei eni a'i godi ym Mhenarth ac aeth i Brifysgol Llundain i astudio Economeg. Ar ôl gweithio mewn hysbysebu symudodd i'r fusnes archebu trwy'r post. Yna cychwynnodd res o gylchgronau porn-meddal, gan gynnwys *Titbits*, *Readers' Wives* a *Parade*, cyn dod yn gyhoeddwr papurau newyddion gyda'r *Sunday Sport*, *Daily Sport*, a'r *News & Echo*. Mae wedi buddsoddi llawer mewn eiddo ac fe'i rhestrwyd yn seithfed wedi'r hanner cant ymhlith y bobl gyfoethocaf gan arolwg a wnaed gan y *Sunday Times*. Mae'n berchennog ar ei fferm fridio ceffylau ei hun ac mae ganddo nifer fawr o geffylau rasys a chesig bridio.

Dyfalbarhewch a byddwch benderfynol.

DAVID SULLIVAN, Publisher

David Sullivan's house is fitted with black wall-to-wall carpet, gleaming chrome and a zebra-striped dralon suite. A bank of floor-length windows revealed an indoor swimming pool but there was definitely not a glamour model in sight! His home is in the Essex village of Theydon Bois. He says he never goes to any of his offices but works from home instead because he finds travelling too stressful. However, he prides himself on being a workaholic, and until recently only took five days off a year.

Born and brought up in Penarth, David went to the University of London to study economics. After working in advertising he moved into the mail-order business. He then set up a string of soft-porn magazines, including *Titbits*, *Readers' Wives* and *Parade*, before becoming a newspaper publisher with the *Sunday Sport*, *Daily Sport* and the *News & Echo*. David has numerous property investments and is listed in the *Sunday Times* survey as Britain's fifty-seventh richest person. He owns his own stud farm and has a large number of racehorses and brood mares.

Persevere and be determined.

D Sullivan

BRYN TERFEL, Canwr

Chwe throedfedd a phedair modfedd yw taldra Bryn Terfel ac mae ganddo ysgwyddau prop. Mae wedi ei adeiladu ar yr un raddfa â'i dalent enfawr. Roedd wedi tyfu ei wallt yn hir ar gyfer rhan Masetto yn *Don Giovanni* pan gymerais y llun hwn ohono yn Neuadd Dewi Sant, Caerdydd. Mae'n un o'r baritonau bas y mae mwyaf o alw amdano ar hyn o bryd. Fe'i ganwyd yn Mrynberyl, ger Pwllheli a bu'n astudio yn y Guildhall School of Music and Drama, lle'r enillodd y Fedal Aur yn 1989. Wedi hynny, mae wedi cipio nifer o ddyfarniadau, gan gynnwys Newydd-ddyfodiad y Flwyddyn, Canwr Ifanc y Flwyddyn, a Gwobr Lieder Canwr y Byd, Caerdydd. Mae wedi canu yng Ngŵyl Salzburg a gweithio gydag arweinyddion megis Syr Georg Solti.

Canodd am y tro cyntaf mewn opera gydag Opera Cenedlaethol Cymru yn 1990, yn canu Guglielmo yn *Cosi Fan Tutti*. Mae wedi mynd rhagddo i berfformio yn Covent Garden, La Scala, Milan ac yn Hamburg, Salzburg a Wien. Yn hydref 1993 canodd mewn opera yn Efrog Newydd, gan ganu Figaro yn *Le Nozze di Figaro*.

Yn ogystal â'i ymrwymiadau cyngerdd mae wedi gwneud llu o recordiau, yn eu plith Jochanaan yn *Salome*, *Tosca*, gyda Placido Domingo, *The Monteverdi Vespers* a *Symffoni Gorawl* Beethoven.

Daliwch i wenu.

BRYN TERFEL, Singer

At six feet four inches tall, and with the shoulders of a prop forward, Bryn Terfel is built on the same scale as his giant talent. He had grown his hair long for the part of Masetto in *Don Giovanni* when I took this picture at St David's Hall, Cardiff. Now one of the country's most sought-after bass baritones, this native of Brynberyl, near Pwllheli, studied at the Guildhall School of Music and Drama, where he won the Gold Medal in 1989. Since then he has picked up a number of awards, including Newcomer of The Year, Young Singer of The Year and Cardiff Singer of The World Lieder Prize. He has sung at the Salzburg Festival, and worked with conductors such as Sir Georg Solti.

Bryn made his operatic debut with Welsh National Opera in 1990, singing Guglielmo in *Cosi Fan Tutti*. He has gone on to perform at Covent Garden, La Scala, Milan, and in Hamburg, Salzburg and Vienna. In the autumn of 1993 he made his operatic debut in New York, singing Figaro in *Le Nozze di Figaro*.

As well as his concert engagements he has made many recordings, among them Jochanaan in *Salome*, *Tosca* with Placido Domingo, *The Monteverdi Vespers* and Beethoven's *Choral Symphony*.

Keep smiling.

LESLIE THOMAS, Awdur

Cwrddais â Leslie Thomas yn swît groeso'r BBC yng Nghaerdydd lle'r oedd yn ymddangos yn *See You Sunday*. Roedd hi braidd yn gyfyng yno a rhuthrwn o gwmpas yr ystafell, gan aildrefnu'r dodrefn i'w cael fel y mynnwn. Teimlwn ychydig yn anniddig oherwydd fy ymddygiad ac ymddiheurais ond ni wnaeth ond gwenu a dweud, 'You've got to be a bit pushy, kid, or you'll never get anywhere'.

Beth bynnag sy'n rhaid ei gael, mae'n siŵr ei fod yn meddiant Leslie Thomas, o achos, fel y dywed yn atgofus yn ei hunangofiant, *In My Wildest Dreams*, ni chafodd gychwyn hawdd i'w fywyd. Cafodd ei eni mewn tlodi yng Nghasnewydd a lladdwyd ei dad, oedd yn forwr masnach, ym Mrwydr Iwerydd yn 1943. Bu ei fam farw'n fuan wedyn. Cafodd ei anfon i gartref plant amddifad yn Nyfnaint.

Cychwynnodd Leslie ar ei yrfa'n gweithio i bapurau lleol Llundain cyn dod yn awdur a chael llwyddiant gyda llyfrau *The Virgin Soldier*. Mae hefyd wedi sgrifennu nofelau, straeon byrion, dramâu teledu a rhaglenni dogfen, gan gynnwys *Great British Isles* a gyflwynodd hefyd.

Yn hwrli-bwrli'r farchnad mae modd gwneud llawer o arian, ond o dan y goeden geirios, mae 'na orffwys. (Dihareb o Japan)

LESLIE THOMAS, Writer

I met Leslie Thomas in the BBC hospitality suite in Cardiff where he was appearing in *See You Sunday*. It was a bit cramped and I rushed around the room, rearranging the furniture until it was the way I wanted. I felt slightly embarrassed about my behaviour and apologized, but he simply smiled and said 'You've got to be a bit pushy, kid, or you'll never get anywhere'.

Whatever it takes, Leslie Thomas must have it, because, as his autobiography, *In My Wildest Dreams*, so vividly recalls, he didn't have an easy start in life. Born into poverty in Newport, his merchant seaman father was killed in the Battle of The Atlantic in 1943, and when his mother died soon afterwards he was sent to an orphanage in Devon.

Leslie began his adult career working for local London newspapers, before becoming an author and achieving success with *The Virgin Soldier* books. He has also written novels, short stories, television plays and documentaries, including *Great British Isles* which he also presented.

In the hustle and bustle of the market place, there is much money to be made, but under the cherry tree, there is rest. (Japanese proverb)

ALICE THOMAS ELLIS, Awdur

Ganwyd Alice Thomas Ellis ym Mangor ac fe'i haddysgwyd yn Ysgol Ramadeg Bangor i Ferched a'r Liverpool School of Art. Mae'n rhannu ei hamser rhwng ei chartrefi o dan fynyddoedd y Berwyn yng Ngogledd Cymru a gogledd Llundain. Mae ei chartref Cymreig, Trefechan, yn ganolfan cyrsiau sgrifennu sy'n cael eu galw'n Writer's Block. Yno mae sgrifenwyr yn mynd i'r afael â'u nofelau cyntaf a seminarau'n cael eu rhoi gan Alice a Shelley Weiner.

Dechreuodd gyhoeddi o dan yr enw Anna Haycraft ond newidiodd ei henw i Alice Thomas Ellis yn 1977. Mae'n golofnydd i *Universe* ac i'r *Spectator* ac mae ei hysgrifau hynod boblogaidd i'r olaf wedi'u casglu'n bedair cyfrol o'r enw *Home Life*. Cynhwysa'i nofelau'r trioleg *Unexplained Laughter*, *The Skeleton in the Cupboard* a *The Fly in the Ointment* a *The Clothes in the Wardrobe*. Cyhoeddwyd ei hunangofiant darluniadol, *A Welsh Life* yn 1990.

Priododd Alice y cyhoeddwr Colin Haycraft yn 1956 ac mae ganddi bedwar mab a merch. Enillodd ddyfarniad Nofel y Flwyddyn yn 1985 a Dyfarniad y Writers' Guild yn 1991.

Mae popeth yn dda ac eto bydd popeth yn dda.

ALICE THOMAS ELLIS, Writer

Alice Thomas Ellis was born in Bangor and educated at Bangor County Grammar School for Girls and Liverpool School of Art. She divides her time between her homes below the Berwyns in North Wales and north London. Her Welsh house, Trefechan, is a centre for writing courses called Writer's Block, where writers tackling their first novel attend seminars given by Alice and Shelley Weiner.

First published under the name of Anna Haycraft, she changed her name to Alice Thomas Ellis in 1977. She is a columnist for the *Universe* and the *Spectator*, and her very popular writing from the latter has been collected into four volumes called *Home Life*. Her novels include the trilogy *Unexplained Laughter*, *The Skeleton in the Cupboard* and *The Fly in the Ointment*, and *The Clothes in the Wardrobe*. Her pictorial autobiography, *A Welsh Life*, was published in 1990.

Alice married publisher Colin Haycraft in 1956 and has four sons and a daughter. She won the Novel of the Year Award in 1985 and the Writers' Guild Award in 1991.

All things are well and all things will yet be well.

Alice Thomas Ellis

IS-IARLL TONYPANDY, Gwleidydd

'Order, order!' Caiff George Thomas, yn awr Is-iarll Tonypandy, ei adnabod orau fel 'Mr Speaker'. Caiff ei lais awdurdodol ei gofio gan filiynau o bobl Prydain fel eiddo Llefarydd cyntaf Tŷ'r Cyffredin i gael ei ddarlledu pan ddechreuwyd trosglwyddo darllediadau o ddadleuon seneddol ar y radio.

Fe'i ganwyd ym Mhort Talbot a'i ddwyn i fyny yn Nhonypandy. Cafodd ei addysg yng Ngholeg Prifysgol Southampton. Dechreuodd ar ei yrfa fel athro ac yna daeth yn AS Llafur Canol Caerdydd yn 1945 ac yna Orllewin Caerdydd am dair blynedd ar ddeg ar hugain tan 1983.

Is-iarll Tonypandy oedd cadeirydd cyntaf y Welsh Parliamentary Grand Committee yn 1951; bu'n Is-Ysgrifennydd Gwladol ar y cyd i'r Swyddfa Gartref o 1964 hyd 1966, yn Weinidog Gwladol yn y Swyddfa Gymreig a Swyddfa'r Gymanwlad rhwng 1966 a 1968 ac yn Ysgrifennydd Gwladol dros Gymru o 1968 hyd 1970. Roedd yn Gadeirydd Banc Cymru rhwng 1985 a 1991 ac mae wedi bod yn llywydd Cartref Cenedlaethol y Plant er 1990. Mae ei gyhoeddiadau'n cynnwys *The Christian Heritage in Politics*, *George Thomas, Mr Speaker* ac *My Wales*.

A fo ben bid bont.

VISCOUNT TONYPANDY, Statesman

'Order, order!' George Thomas, now Viscount Tonypandy, is best known as 'Mr Speaker'. His commanding tones will be remembered by millions of Britons as the first Speaker of the House of Commons to be broadcast when the transmission of parliamentary debates began on radio.

Born in Port Talbot and brought up in Tonypandy, he was educated at University College, Southampton. He was first a schoolmaster, becoming Labour MP for Cardiff Central in 1945 and then Cardiff West for thirty-three years until 1983.

Viscount Tonypandy was the first chairman of the Welsh Parliamentary Grand Committee in 1951, joint parliamentary Under-secretary of State for the Home Office from 1964 to 1966, Minister of State in the Welsh Office and the Commonwealth Office between 1966 and 1968, and Secretary of State for Wales from 1968 to 1970. He was chairman of the Bank of Wales between 1985 and 1991 and has been president of the National Children's Home since 1990. His publications include *The Christian Heritage in Politics*, *My Wales* and *George Thomas, Mr Speaker*.

He who would be a leader must be a bridge.

George Thomas.
Viscount Tonypandy.

BONNIE TYLER, Cantores

Ganwyd Bonnie Tyler yn Sgiwen a dechreuodd wneud recordiau yn 1975. Roedd ei hit fawr, *Lost in France* yn y Deg Uchaf am chwe mis ym Mhrydain ac Ewrop ac fe'i dilynwyd gan lwyddiannau byd-eang, *Heartache* a *Total Eclipse of the Heart*. Mae ei halbwm, y gwerthwyd miliwn o gopïau ohono, *Faster Than the Speed of the Night* ymhlith pymtheg record blatinwm ac aur y mae wedi'u hennill yn ystod ei gyrfa a chafodd ei henwebu ar gyfer y Leiswraig Orau yn Grammy 1984.

Yn 1992, ar ôl cyfnod sabothol o bedair blynedd, dychwelodd Bonnie i fyd y gân gydag arddeliad. Bu ei halbwm *Bitterblue* ymhlith yr Ugain Ewropeaidd Uchaf am nifer o fisoedd. Mae hefyd wedi cwblau taith Ewropeaidd a werthodd bob tocyn. Mae llais nerthol Bonnie'n cipio angerdd ei chanu serch. Mae ei halbwm diweddaraf, *Angel Heart*, yn cynnwys deunydd a sgrifennwyd gan y sgrifenwyr caneuon Mutt Lange a Jerry Lynn Williams, ac mae'n nodweddu deuawd gyda Frankie Miller.

Mae Bonnie'n briod â Robert, a oedd ar un adeg yn aelod o'r tîm jiwdo Olympaidd. Maen nhw'n byw mewn tŷ mawr, yn uchel ar fryn, sy'n blas gwirioneddol i'r seren roc, gyda golygfeydd panoramig dros Fae'r Mwmbwls.

Cred yn dy hun a dos amdano.

BONNIE TYLER, Singer

Born in Skewen, Bonnie Tyler began her recording career in 1975. Her big hit, *Lost in France*, was a Top Ten record for six months in Britain and Europe, and was followed quickly by the worldwide hits *Heartache* and *Total Eclipse of the Heart*. Her million-selling album, *Faster than the Speed of the Night*, is among fifteen platinum and gold records she has achieved in her career, and she was nominated for Best Female Vocalist in the 1984 Grammy's.

In 1992, after a four-year sabbatical, Bonnie returned to the music scene with a vengeance. Her album *Bitterblue* was in the European Top Twenty for several months. She has also completed a sell-out European tour. Bonnie's powerful voice captures the passion of her love songs. Her latest album, *Angel Heart*, includes material written by songwriters Mutt Lange and Jerry Lynn Williams, and features a duet with Frankie Miller.

Bonnie is married to Robert, a former Olympic judo team member. They live in a large house, high on a hill – very much the rock star's palace, with panoramic views over Mumbles Bay.

Believe in yourself and go for it.

Bonnie Tyler.

SYR TASKER WATKINS, Barnwr

Pan ddaeth y Gwir Anrhydeddus Syr Tasker Watkins i lawr y grisiau i mi dynnu llun ohono, gwisgai sweter golff achlysurol, ond rhoes ei wraig ei throed i lawr a dyna pam y mae'n gwisgo cot a thei yn y llun. Fe'i ganwyd yn Nelson ac fe'i haddysgwyd yn Ysgol Ramadeg Pontypridd. Priododd ag Eirwen Evans yn 1941. Mae ganddyn nhw un ferch ond collasant eu hunig fab.

Yn yr Ail Ryfel Byd gweithredai Syr Tasker fel uwch-gapten yn y Welch Regiment a chafodd Victoria Cross yn 1944. Fe'i galwyd i'r Bar, Middle Temple, yn 1948 a daeth yn feinciwr yn 1970 ac yn QC yn 1965. Mae'n Is-brif Ustus Lloegr a bu hefyd yn uwch farnwr llywodraethol. Mae wedi bod yn Arglwydd Ustus Apeliadau er 1980.

Ymddeolodd Syr Tasker a dod yn llywydd Undeb Rygbi Cymru yng Ngorffennaf 1993. Mae'n gadeirydd yr Ymddiriedolaeth Elusennol Gymreig ac mae wedi bod yn llywydd Crwydriaid Morgannwg er 1968. Mae hefyd yn llywydd Coleg Meddygaeth Prifysgol Cymru. Mae'n byw yn Fairwater, Caerdydd. Mae ei hobïau'n cynnwys golff, rygbi a cherdded ac mae'n aelod o'r Army and Navy Club a'r Cardiff and County Club.

Gwna dy ddyletswydd heb ystyried hunan-les.

SIR TASKER WATKINS, Judge

When he came downstairs to be photographed, The Rt Hon. Sir Tasker Watkins was wearing a casual golf sweater, but his wife overruled him, and that's why he's wearing a jacket and tie in the picture. Born in Nelson, he was educated at Pontypridd Grammar School and married Eirwen Evans in 1941. They have one daughter and have lost their only son.

In the Second World War Sir Tasker served as a major in the Welch Regiment and was awarded a Victoria Cross in 1944. Called to the Bar, Middle Temple, in 1948, he became a bencher in 1970 and a QC in 1965. Deputy Chief Justice of England, he was also a senior presiding judge and has been Lord Justice of Appeal since 1980.

Sir Tasker retired and became president of the Welsh Rugby Union in July 1993. He is chairman of the Welsh Charitable Trust and has been president of Glamorgan Wanderers since 1968. He is also president of the University of Wales College of Medicine. He lives in Fairwater, Cardiff. His hobbies include golf, rugby and walking, and he is a member of the Army and Navy Club, and Cardiff and County Club.

Do your duty without self-interest.

Tasker Watkins

JOAN WEBSTER, Swyddog yn yr heddlu

Y Prif Arolygydd Joan Webster yw'r wraig ucha'i safle yn yr heddlu yng Nghymru. Er iddi gael ei geni yn swydd Gaerhirfryn, mae'n ystyried iddi gael tröedigaeth i fod yn Gymraes a hithau wedi gwasanaethu Heddlu De Cymru am bedair blynedd ar hugain. Dechreuodd ei gyrfa gyda phedair blynedd fel mecanig awyrennau yn yr WRNS. Dilynwyd hyn gan gyfnod fel peiriannydd awyrennau sifil i'r Llu Awyr yng ngorsaf Bassingbourn.

Mae Joan ar hyn o bryd yn Brif Arolygydd ym mhencadlys Heddlu De Cymru ym Mhen-y-bont ar Ogwr. Mae ganddi swydd weinyddol yno. Hi sy'n gyfrifol am ddatblygu gyrfaoedd a hyfforddiant yr heddlu i gyd. Yn ei swydd fel arolygydd yng Ngorsaf Canol Caerdydd o'r Heddlu, roedd yng ngofal diogelwch digwyddiadau yn y Stadiwm Genedlaethol ac yn arolygu cyfarfodydd protest a gorymdeithiau.

Mae'n wraig sengl ac yn byw yng Nghaerdydd. Mae'n ffanatig ceir sbort ac mae ganddi hen MGBGT a Jaguar lliw clared.

Gwraig sylweddol!

JOAN WEBSTER, Police officer

Chief Superintendant Joan Webster is the highest-ranking female police officer in Wales. Although she was born in Lancashire she considers herself a converted Welshwoman, having served twenty-four years in the South Wales Constabulary. Her career began with four years as an aircraft mechanic in the WRNS, followed by a spell as a civilian aircraft engineer for the Royal Air Force base in Bassingbourn.

Joan is currently chief superintendent at the South Wales Constabulary Police Headquarters in Bridgend, where she holds an administrative post. She is responsible for the career development and training of the whole force. In her last job as superintendent at Cardiff Central Police Station she was in charge of the security of events at the Wales National Stadium and of policing demonstrations and marches. She says she is happiest in uniform, working as an operational officer.

Single and living in Cardiff, Joan is a sports car fanatic and owns an old MGBGT and a claret-coloured Jaguar.

A woman of substance!

IAN WOOSNAM, Golffiwr

Ganwyd Ian Harold Woosnam, MBE, yn Chirk. Er ei fod yn fychan o gorff mae gyda'r gorau am daro'r bêl yn y cylch golff proffesiynol. Cwrddais ag ef yn nhafarn y Golden Lion, nid nepell o'i gartref yng Nghroesoswallt. Nid oedd yn barod i bosio am lun ond roedd yn ddigon hapus i mi gael llun ohono ac yntau'n cael pryd tafarn gyda'i gyfrifyddion. Roedd newydd ddychwelyd o ennill gornest yn Hawaii y diwrnod cynt, ac roedd yn llawn asbri gyda lliw haul arno.

Trodd yn broffesiynol yn 1976 ac yn 1990 roedd ar frig yr Order of Merit gyda'i enillion yn £574,166 – record. Mae ei fuddugoliaethau mewn twrnamaintiau'n cynnwys y Suntory World Match-Play Championship yn 1987 a 1990, yr Epson Grand Prix, yr US Masters yn 1991 a'r PGA Grand Slam of Golf. Fel aelod o dîm Ewrop, mae wedi ennill Cwpan Ryder deirgwaith o bump y mae wedi cystadlu am y tlws. Yn 1991 roedd yn gyntaf yn rhengoedd byd Sony.

Mae wedi bod yn briod â Glendryth er 1983 ac mae ganddyn nhw dri o blant, Daniel, Rebecca ac Amy. Ei hobïau yw sgio dŵr a snwcer ac mae wedi sgrifennu llyfr, *Ian Woosnam's Golf Masterpieces*.

I fod yn orau rhaid iti roi o'th orau.

IAN WOOSNAM, Golfer

Ian Harold Woosnam, MBE, was born in Chirk. Despite his small stature he is one of the biggest hitters on the professional golf circuit. I met him in the Golden Lion pub, a short distance from his home in Oswestry. He did not want to pose for a picture but was happy for me to photograph him while he was having a pub lunch with his accountants. He had returned from winning a tournament in Hawaii the day before, and was sun-tanned and exuberant.

Ian turned professional in 1976, and in 1990 finished top of the Order of Merit with record earnings of £574,166. His tournament victories include the Suntory World Match-Play Championship in 1987 and 1990, the Epson Grand Prix, the US Masters in 1991 and the PGA Grand Slam of Golf. As a team member for Europe he has won the Ryder Cup on three out of the five times he has competed for the trophy. In 1991 he was number one in the Sony world rankings.

Married to Glendryth since 1983, Ian has three children, Daniel, Rebecca and Amy. His hobbies are water-skiing and snooker, and he has written a book, *Ian Woosnam's Golf Masterpieces*.

To be the best you have to give your best.

TERRY YORATH, Rheolwr pêl-droed

Cychwynnodd Terry Yorath ar ei yrfa fel pêl-droediwr yn Leeds yn 1966 ac yntau'n un ar bymtheg oed. Yn 1976 trosglwyddodd i Coventry am £130,000 ac yna i Spurs am £225,000. Yn 1981 symudodd at y Vancouver Whitecaps. Dychwelodd i Brydain ddwy flynedd yn ddiweddarach fel chwaraewr/hyfforddwr ac yna yn 1986 symudodd i reoli Abertawe.

Tra yn Leeds enillodd Terry Bencampwriaeth y Cynghrair a bu'n chwarae yng ngêm derfynol Cwpan yr FA, y Cwpan Ewropeaidd, a Chwpan Enillwyr y Cwpan. Fel chwaraewr rhyngwladol dros Gymru mae wedi ennill hanner cant a naw o gapiau, gan gynnwys record o ddau gap a deugain fel capten. Yn 1988 daeth yn rheolwr rhan amser i Gymru ac yn rheolwr amser llawn dair blynedd yn ddiweddarach, gan arwain Cymru i fuddugoliaeth dros dîmau fel Gwlad Belg, Brasil a Gorllewin yr Almaen.

Fe'i ganwyd yng Nghaerdydd ond mae'n byw yn Leeds ar hyn o bryd gyda'i wraig, Christine a'u plant Gabrielle, Louise a Jordan. Bu ei fab hŷn, Daniel, farw yn 1992 o afiechyd prin ar y galon. Ei fab arall, Jordan, sydd gydag e yn y llun hwn.

Onestrwydd yw'r rheol euraid.

TERRY YORATH, Football manager

Terry Yorath began his footballing career at Leeds in 1966, aged sixteen. In 1976 he transferred to Coventry for £130,000, then to Spurs for £225,000, and in 1981 he moved to the Vancouver Whitecaps. He returned to Britain two years later as a player/coach, then in 1986 moved to Swansea as manager.

While at Leeds Terry won the League Championship and played in the final of the FA Cup, European Cup and the Cup Winner's Cup. As a Welsh International he achieved fifty-nine caps, including a record forty-two as captain. In 1988 he became part-time manager for Wales, then full-time manager three years later, leading Wales to victories over such teams as Belgium, Brazil and West Germany.

Born in Cardiff, Terry now lives in Leeds with his wife, Christine, and their children, Gabrielle, Louise and Jordan. His elder son, Daniel, died in 1992 of a rare heart condition. Terry is pictured here with his other son, Jordan.

Honesty is the golden rule.